高校会计教学模式构建与改革研究

闫 冰◎著

吉林出版集团股份有限公司
全国百佳图书出版单位

图书在版编目（CIP）数据

高校会计教学模式构建与改革研究 / 闫冰著. -- 长春：吉林出版集团股份有限公司, 2022.7
ISBN 978-7-5731-1857-8

Ⅰ.①高… Ⅱ.①闫… Ⅲ.①会计学—教学研究—高等学校 Ⅳ.①F230

中国版本图书馆CIP数据核字(2022)第137362号

GAOXIAO KUAIJI JIAOXUE MOSHI GOUJIAN YU GAIGE YANJIU

高校会计教学模式构建与改革研究

著　　者：	闫　冰
责任编辑：	郭玉婷
封面设计：	雅硕图文
版式设计：	雅硕图文
出　　版：	吉林出版集团股份有限公司
发　　行：	吉林出版集团青少年书刊发行有限公司
地　　址：	吉林省长春市福祉大路5788号
邮政编码：	130118
电　　话：	0431-81629808
印　　刷：	天津和萱印刷有限公司
版　　次：	2023年1月第1版
印　　次：	2023年1月第1次印刷
开　　本：	710 mm × 1000 mm　　1/16
印　　张：	11
字　　数：	170千字
书　　号：	ISBN 978-7-5731-1857-8
定　　价：	78.00元

版权所有　翻印必究

前　言

在经济全球化、信息网络技术快速发展、诚信危机以及我国本科教育大众化与会计教育国际化的背景下，培养具有国际视野、广博知识和诚信品格的高素质创新型会计人才业已成为我国会计界的共识，也是上海立信会计学院所确定的会计人才培养目标。举办这次学术会议的目的是探索新形势下我国会计本科教育的理念、人才培养模式、课程体系以及教学方式方法，以促进我国会计教育的改革与发展。

会计学学科是我校创立时间最早、综合实力最强、社会影响最大的学科专业之一。在学校历届党政的正确领导下与教师的奋力拼搏下，会计学专业依托学校经济管理的学科专业整体优势，按照"提升实力、凝练特色、创新平台、扩大影响"的工作思路，以先进科学的教育教学理念为先导，以本科教育为主体，积极发展研究生教育；以学科建设为龙头促进特色专业建设；以课程建设为基础，重点推进课程体系、教学内容、教学方法和教学手段的改革；以学生的创新精神和实践能力为核心，以实践、实习与实训为平台，注重会计专业学生核心能力的培养；以师资队伍建设为保障，以科研促教学，建立健全教学质量监控与保障体系；以开放办学推进对外交流合作，促进产学研一体化发展，实现会计专业在规模、结构、质量、效益等方面的协调发展，在全国高校同类专业中的综合竞争实力不断得以提升，在国内特别是西部地区的社会影响力逐年提升、知名度、美誉度不断递增。

本书以先进的会计教育教学理念为指导，结合国家级特色专业——会计学专业建设和发展的实际需要，以科研促发展，以科研促教学，从人才培养与专业建设、教育创新与教学改革、课程建设与教学方法、实验建设与实践教学、素质教育与学生管理等五个方面，全面系统地总结了近年来该专业教育教学改革的实践和理论成果，科学地谋划了会计学的战略发展。

以先进的会计教育教学理念为指导，结合国家级特色专业——会计学专业建设和发展的实际需要，以科研促发展，以科研促教学，从人才培养与专业建设、教育创新与教学改革、课程建设与教学方法、实验建设与实践教学、素质教育与学生管理等五个方面,全面系统地总结了近年来该专业教育教学改革的实践和理论成果,科学地谋划了会计学国家级特色专业的战略发展。

在写作过程中,参考了大量国内外文献,在此表示衷心感谢。由于作者水平和条件有限,难免出现错漏之处,敬请专家和广大读者批评指正。

目 录

第一章 会计教学的发展现实 …………………………………… 1
第一节 会计发展的新模式 ………………………………… 1
第二节 会计教学环境分析 ………………………………… 9
第三节 会计改革任务与理论研究 ………………………… 13

第二章 会计教学改革的出路 …………………………………… 20
第一节 当前会计教学改革的机遇 ………………………… 20
第二节 当前会计教学改革的挑战 ………………………… 23
第三节 当前会计教学改革的可行性 ……………………… 26
第四节 当前会计教学改革的必要性 ……………………… 28

第三章 高校会计专业教学发展与改革 ………………………… 30
第一节 高校会计专业教学的发展 ………………………… 30
第二节 高校会计专业实验教学的改革创新 ……………… 33
第三节 高校会计专业教学——科研互动机制 …………… 36

第四章 会计教学改革的资源支持研究 ………………………… 41
第一节 政策资源与会计课程教学的整合 ………………… 41
第二节 工具资源与会计课程教学的整合 ………………… 47
第三节 服务资源与会计课程教学的整合 ………………… 50
第四节 信息资源与会计课程教学的整合 ………………… 54

第五章 会计人才培养体系的构建 ……………………………… 58
第一节 会计人才培养体系的构建 ………………………… 58

第二节 高层次会计人才培养体系的完善 …………………… 63
第三节 法务会计人才培养体系的构建 …………………… 65

第六章 会计人才培养模式研究 ………………………………… 70
第一节 会计人才培养模式的利弊 ………………………… 70
第二节 工学结合高职会计人才培养模式 ………………… 74
第三节 本科会计人才培养模式 …………………………… 87

第七章 翻转课堂在会计教学改革中的应用研究 ……………… 92
第一节 翻转课堂与传统课堂的对接 ……………………… 92
第二节 会计教学实施翻转课堂的必要性和可行性 ……… 99
第三节 基于翻转课堂的会计教学过程设计 ……………… 104

第八章 教师职教能力培训的探索与实践 ……………………… 107
第一节 职教能力的培训与测评 …………………………… 107
第二节 双师素质型教师的培养 …………………………… 116

第九章 行动导向教学法与"教、学、做"一体化教学模式 … 119
第一节 行动导向教学模式探究 …………………………… 119
第二节 行动导向教学法的应用 …………………………… 135
第三节 "教、学、做"一体化教学模式的实践 ………… 139

第十章 职业能力视角下高校会计教学实践研究 ……………… 144
第一节 实践教学与实践教学能力的内在机理 …………… 144
第二节 会计实践教学的主要形式 ………………………… 146
第三节 实践教学与实践教学能力逻辑关系 ……………… 148
第四节 高校会计学科实践教学策略研究 ………………… 152
第五节 高等院校会计学科实践教学策略实施的保障 …… 165

参考文献 …………………………………………………………… 167

第一章 会计教学的发展现实

第一节 会计发展的新模式

随着网络的逐渐普及以及信息数据时代的到来，传统意义上的会计发展模式已经在各个方面被社会的发展所淘汰。在当今互联网的时代，信息的快速流动已经成为每个企业发展的关键因素之一。因此，事关企业经营效益的财务部门以及数据信息的流通已经成为企业发展的重中之重。在这种社会背景下会计行业的转型及信息业务的提升就显得很有必要。对财务的管理流程进行规范化操作，以增加其工作效率，加快资金的流通速度，加强对资金以及相关信息的管理，促进财务行业在大数据的时代背景下为企业的数据分析和经营策略的制订提供可靠依据。只有完善有关云计算、云会计理论的会计信息系统，才能为会计发展模式的转变奠定基础和提供动力，也才能为提供更好的财政服务增加可能性。

一、云会计的概述

（一）云计算的定义及模式

云计算是通过互联网来提供动态易扩展且经常是虚拟化的资源，是以互联网为媒介实现相关服务的一种新的资源提供模式。云计算计划从 2007 年诞生之日起，便以其超快的发展速度霸占了学术界和行业界发展的核心地位。

在以信息产业为研究对象的电信专业研究人员看来，云计算是以实现信息商业化为目的、以互联网的形式对信息进行储存、加工处理的一种按使用量付费的模式。

云计算是一种前所未有的以虚拟化资源为主题的新兴技术和新兴组织形式，这是美国国际商用机器专家 Bill Bauman 对云计算的看法。

在对云服务进行了相关的调研工作以后，日本株式会社三菱综合研究所将云计算定义为：利用互联网的灵活性与自由性为实现数据在虚拟网络的计算提供了可能。

综上所述，我们可以将云计算定义为是一种以互联网为媒介，以为企业服务为宗旨的发展形势。

云计算是互联网发展的附属品，它是一个内容丰富的大型储存器，一旦人们将需要查询的信息输入搜索，它就会通过自己的分析、过滤和计算，立刻提供所需的信息。也就是说，人们可以随时随地在任何一台相关数据设备上根据自己的需求查询所需信息，并不局限于某一固定的设备，从而在减少投入资本，提高工作效率方面具有显著的优势。然而当云计算与大数据相结合时，它的服务模式就会以云计算的储存、技巧及外布式处理等为依据变得相对复杂起来。其具体的应用形式有以下三种：

1. 软件即服务（Saas）

即服务软件的研发商将产品安装在自己的服务器上，顾客以自我需求为依据提出购买或者租赁申请。这种服务模式中消费者以所需的服务时间、种类的多少来支付费用。基于其灵活、固定的服务形式，因此得到中小企业的广泛认可，其中以在线会计服务最受欢迎。这种服务形式以本公司所开发的软件并不安装在自己公司，而是投放在相应服务器上为特征。

2. 平台即服务（Paas）

即开发商以用户的需求为依据，以开发环境和运行平台为媒介，以在此基础上建立的软件为平台向顾客传递自己的软件并提供相应服务的服务模式。这种服务模式因其流动资金少、运行成本低和开发速度快的优势深受企业青睐。

3. 基础设施即服务（Laas）

即以基础设施为媒介提供服务的模式，一般情况下包括服务器、网络、储存及数据中心这几种基本设施。换句话说就是企业首先要为基础设施的建议投入资金，基础设施建成以后在厂商的组建下形成一个向客户提供虚拟资源的"云端"，客户以自我需求为依据查询相关内容并支付费用。该服务模式最大的特点是资金投入多。

（二）云会计的定义及其优势

在云计算迅速发展的氛围中，以利用云技术在互联网上构建虚拟会计信息系统，完成企业的会计核算和会计管理等内容的云会计得到了快速的发展，并被社会广泛认可。在《"云会计"在中小企业会计信息化中的应用》一文中，程平、何雪峰以顺应互联网发展趋势，并以向企业提供网络会计相关信息为主要服务目的来定义云会计。

云会计因国家环境和定义角度的不同而有各种解读。日本对于云会计的解读主要是立足其使用和组建的方法，它们曾以以云计算为奠基的会计服务系统或者说是云计算在会计服务业上的应用为论点，来争论云计算与云会计之间的相互联系。以互联网为媒介向社会提供会计服务的商人广泛认可"云会计"的名称，并以这样的角度解读了云会计的定义：安装好的服务器以互联网为媒介向社会各界提供所需的软件服务，并以其提供的服务收取相应回馈的新型服务模式。其中保存这种信息的云服务器是关键因素。

云会计服务在网络的普及及计算机技术不断提高的社会背景下，因以下几个优点受到了大多数企业的追捧。

第一，降低会计信息服务的投资及运行成本。这一点主要有以下两方面的体现。一是企业并不需要购买整个系统，只要根据自己的需求支付使用费用即可，从而节省了大量资金投入；二是云计算的系统维护与升级由其专业开发人员负责，企业也因此减少了运行成本。

第二，更多的需要人群可以共享云会计信息。主要体现在以网络和云计算为基础的云会计服务，因其客户端可以随时随地为需求者提供服务，因此在一定程度上实现了会计查询及使用信息的共享，为顾客随时查看信息提供了相应的保障。

第三，在一定程度上提高了财务监控的工作效率。一方面，在云会计的服务网络中，云会计的业务人员与财务人员之间的交流摆脱了时间与空间的约束，从而在提高监护效率、增加有效沟通方面有很大益处。另一方面，得益于服务软件自身具备的监控效能，进一步提升了财务部门的监控能力。

第四，财务相关工作者的工作效益得以提升。一方面，在云计算的服务下，公司的财务部门可以随时记账、报销，从而为企业高层更全面地评估经营状况、预测风险和规避财政风暴提供了保障。另一方面，云会计实现了各个部门的有效交流和更深合作，从而为财务部门工作效益的提高保驾护航。

云会计在云计算不断巩固的理论与实践基础上得以全速发展。而云会计在财务工作的各个领域都以其独特的优势领先传统意义上的会计工作软件。我们有理由相信在互联网技术不断更新与应用的未来社会，云会计会保持并巩固自身优势，得到财务界更加广泛的认可与使用。

（三）云会计发展面临的挑战

同其他事物一样，云计算给云会计的发展既带来了好的影响，又造成了一定程度的挑战，是一把双刃剑。一方面有利于企业网络信息化、数据化的开展，另一方面其安全问题仍然存在很大的隐患。在大网络时代，云计算的研发者虽然都已设置了较高水平的安全机制，但仍不能保证百分之百的安全性。对于企业的发展来说，如果财务数据被窃取，肯定会动摇企业的立身发展之本。这种社会背景下，强化云计算的安全性和打消企业对云计算的顾虑，成为云计算发展需首要解决的问题。现在将制约云计算和云会计进一步发展的枷锁总结为以下两点：

第一，数据保障安全性存在的隐患。在云会计运行体制中，企业的财务数据在互联网上进行交接，网络成为数据的新型载体，伴随着载体的转变，数据流通的确认方式也逐渐多样化。在这种情况下，网络的相对开放性为不法分子作案提供了可能性。精通计算机各类技术的计算机高手或者同行业的竞争者可以制造病毒软件在数据的传输过程中窃取或者擅自修改相关信息，或者企业数据保管人员安全意识欠佳等都有可能为不法之徒提供可乘之机。这些使得云会计的安全保障问题遭到了广泛的怀疑。而对于立足于竞争激烈市场的企业来说，企业的核心机密无论以什么样的途径被泄露或者篡改，都会是企业发展的致命一击。

第二，过分依赖云计算的研发者。云会计的运行完全取决于云计算的研发人员。而云会计的服务质量及售后保障仍对企业的财务工作有巨大影响。换句话说，一旦云会计的研发停止或者售后保障人员疲于提供及时有效的技术更新，都会对企业的发展造成不可挽回的损失。

二、财务共享服务概述

（一）财务共享服务的含义和发展

经济全球化和互联网信息时代的到来为社会经济及企业的发展提出了重重的挑战，其中主要体现在商业经营形式的转变、管理体制的更新和产业生产链重组等方面。传统会计行业的变革也是遵循时代的主流而逐渐兴起的。而在会计领域的主要表现就是财务共享服务的展开。

财务共享服务的定义是：遵循财务业务的运转流程，以现代信息技术为依托，从社会需求的立足点出发为广大消费者提供专业的服务，以期达到降低资金投入、规范操作流程、提高工作效率、增加社会价值的目的。

财务共享服务主要有集中化、第一代共享、第二代共享、第三代共享四个发展历程。下边将对各个发展阶段做简单阐释：

1. 财务集中化阶段

以降低资金投入和提高工作效率为主要目的，将信息和人员的相关信息进行集中处理的服务模式。但其集中处理的流程及具体操作规范存在争议。

2. 第一代共享阶段

与财务集中化阶段相比，更加节省投入资金是这一阶段的一大亮点。一方面扩大经营规模，另一方面尽量减少不必要的资金投入，其次兼顾人才的选拔与培养，对企业的选址和工作的规范化也是这一阶段的主要发展方向。

3. 第二代共享阶段

延续了第一代共享阶段节约成本的优点，并在此基础上进一步加强落实，同时针对第一阶段存在的服务质量有待提高等问题进行了调整提高。

4. 第三代共享阶段

产生在计算机及网络的社会大背景下，具有前三个阶段都不曾拥有的新功能。例如，财务云的产生为进一步整合分散的信息提供了可能，从而达到了更好聚集财务信息的效果，可以为更广大的分散用户提供所需信息。

（二）财务共享服务理论基础

财务共享服务是来源于共享服务，并以共享服务为主要目的的一种分布式管理模式。而共享服务是 Robert Gunn 等人针对企业经营管理存在的问题提出的新型管理模式。其关键内容是对企业所需要的有关开发人员和技术资源在一个平台上进行共享。其分享的服务类型不仅包括财务及采购方面的基本内容，还包括法律信息参考、信息共享等多方面的内容。规模经济理论、竞争优势理论、组织结构扁平化理论、业务流程再造理论、集团管控理论、资源配置理论等是共享服务理论基础所包含的几方面内容。

1. 规模经济

企业生产规模扩大的同时，逐渐降低每个商品生产的固定及综合成本，从而促进生产量的增多和生产效率的提高，以期获得更多的生产利润。而共享服务所发挥的作用就是整合功能相同的部门，开拓新的业务，不断增加企业生产规模，使生产成本得到进一步的控制。

2. 企业竞争优势理论

处于共同的竞争市场和面对共同的消费人群的两个企业，能在局限的市场竞争中占有更大市场比例并且获得更多利润的企业，必定是具有一定竞争优势的企业。而共享服务就是以形成企业的竞争优势为目的，不断更新管理理念并对相应资源进行整合。

3. 组织结构扁平化

这种理论的特点是打破传统公司的管理模式，压缩不必要的中间管理阶层，减少不必要的人员投入，从而构建一种较为直接的管理模式。减少不必要的人员投入有两方面的益处，首先对于领导者来说，有利于管理层更加直接地把握市场动态，并以此为依据时时调整公司政策方向。其次对于基层工作人员来讲，中间管理层的削减有利于整个工作体制的简洁化。而共享服务的工作机制是将分离出来冗杂的工作统一解决，而核心工作由专业技术人员重点解决。即通过集中核心资源与优势技术来提升服务质量。这种组织结构扁平化理论，在降低运转资金、增加市场应变能力和顺应市场发展趋势、减少工作时间，提高工作效率等方面均具有显著优势。

4. 业务流程再造

这一理念是美国人 Michael Hamme 最先提出的，他将业务执行或者说是实施过程中烦琐的不必要的程序剔除，并对必要的流程进行新的排列组合，最后依靠计算机现代技术实现再造的终极目标。所以，业务流程的再造其实是对业务流程进行了完全的改革化新。业务流程的再造在为共享服务节省成本，提高工作效率的同时，也对企业之间竞争的展开和整体社会价值的提升提供了条件。

5. 集团管控理论

母公司在合适的激励体制下，使各个分公司在积极响应母公司决策方案的前提下，鼓励员工排除万难，为实现母公司的战略意图努力奋斗。而共享服务管理模式，在母公司为子公司提供共享服务的同时，既降低了子公司的运行资金投入，又在一定程度上提高了信息采集与流通的效率和质量，提高了两者之间的知识匹配度。

6. 资源配置理论

即企业将相对稀缺的资源进行合理分配布置，以期用最少的资源收获更多的市场利益。而共享服务的运行机制正好与资源配置的理念一致。主要体现在共享服务实现了优势稀缺资源的重新集合，在一定程度上提高了资源利用率，同时优势资源的整合有利于企业集中力量做大事，从而赢得更大的市场竞争力。

（三）财务共享的注意事项

财务共享对企业的发展有利也有弊，是一把双刃剑，虽然它是企业财务服务水平和整体效益快速发展的动力；然而，初始投资高、回收期长、对原有体制造成冲击等都是财务共享这剂药方的副作用。为了扬长避短，最大限度地发挥财务共享的"正能量"，财务共享实施过程有以下要注意的事项：

1. 加强沟通，提高人们对财务共享平台的接受程度

对于任何一个企业来讲，财务共享服务都是一个新事物，都会对原有的

企业经营和管理模式产生一定的冲击力。新事物的发展往往会经历坎坷与磨难，也就是说新事物的发展前途是光明的，而过程却是坎坷的。也正因如此，财务共享服务在其运行初期必然会遭到一部分人的反对。在变革管理理论的持有者看来，任何一项重大变革的初期都会经历这样一个时期，大部分人持观望态度，而支持者与反对者势均力敌。显而易见，变革成功的关键在于使大部分的观望者逐渐接受新事物，并对其持支持的态度。因此，对于要变革管理制度的企业来说，在变革的初期就利用舆论的压力迫使观望者转变态度至关重要。对于员工来说，他们持反对或者观望态度的原因大都是害怕变革的失败影响个人利益，或者是对新事物的不适应感，因此公司在共享服务平台投入运营之前对员工进行有效沟通是更快变革的必然之举。

2. 化解财务共享计划对原有企业文化的冲击

财务共享计划使得财务共享中心与公司其他业务部门之间的关系由传统的行政等级制转换为业务合作伙伴的关系，冲击企业之前形成的文化。财务共享平台在运行的初始阶段会因为员工的抵制而达不到原有的工作效率。在这种情境下，使工作中的员工保持工作的积极性十分必要。还可以就财务共享中心与业务部门间的服务范围、成本和质量事先签署协议，照章办事，提高财务共享中心的工作效率。

3. 可靠的技术保障必不可少

超强的信息技术支撑是财务共享服务中心正常运转的保障，同时也是解决其运行过程出现有关安全问题、灵敏度问题、产出效能等问题的安全技术保障。

4. 财务共享中心的选址也很关键

办公地址的合理选择是财务共享服务战略正确实施的第一步，也是最关键的一步。是否有利于与外界沟通，沟通费用的高低，是否接近高质量劳动力或者劳动力是否充足，有无国家扶持政策或者相关法律法规，周围环境的好坏，是否接近广大消费人群等，都是选址时需要考虑的因素。

三、在线会计服务

（一）在线会计服务内涵

所谓在线会计服务，是以互联网技术为基础，以云会计运行理念为指导而创建的以互联网为媒介的新型会计服务形式。开发商将财务软件分享在互联网平台上，用户根据自己的实际需要可以随时随地在互联网上获得所需信息，管理财务经济，并支付相应的费用。

（二）在线会计的特点

1. 会计业务开放化

在线会计服务通过将软件分享在互联网平台的形式，为所有的消费者提供所需信息服务，企业任何工作人员都有机会接触到企业财务信息，因而具有开放性的特点。

2. 经济主体对等化

在线会计服务在为会计行业的组织和单位提供服务的时候，二者之间是平等且对等的两者主体，二者应该互相尊重，共同进步。

3. 信息资源共享化

在线会计服务除将自己的信息以互联网的形式分享给会计相关工作人员外，也为相关工作人员交流经验、分享知识提供了平台。

4. 会计活动服务化

在线会计服务，是一种与时代发展齐步的网络新型服务形式，它在为企业相关决策人员提供理论知识和管理建议的同时，也为会计运转流程的设计提供参考信息。也就是说在线会计可以通过互联网平台，以他人为中介，为企业提供优质服务。

5. 会计业务高效化

在线会计服务，通过互联网的联系平台，以其方便、快捷、容易操作的特点广受会计工作人员的欢迎。会计工作人员可以在网络上随时做账和查找相关数据，在节约投入资本和时间的基础上，大大提升了会计行业的工作效率。

（三）在线会计的优点

1. 企业可以低成本地获得满意的会计服务

（1）在互联网上以租赁的形式获得所需的有关服务及维修售后服务等，并支付一定的租赁费用，这种服务形式使企业减少甚至是消除了大量设备投入的资金和维护善后费用，完全摆脱了传统会计服务耗时、资金成本大、耗力等弊端。

（2）线上会计服务软件的系统维修、更新等都由开发商来负责，因此不断节省了消费者的维修时间，也在很大限度上减少了日常设备、系统维修所需要的资金投入。

2. 为企业提供便捷的会计服务

使用在线会计服务的工作人员只要有计算机便可以随时随地进行记账等相关日常工作，在工作进行的同时可以通过互联网将信息数据实时分享出去。而企业的管理人员通过互联网可以以邮件或者其他形式对公司的财务情况进行监督和了解。

3. 易学易用

与传统财务软件不同，在线会计服务软件不需要正式购买软件，只需在互联网上以租赁的形式使用，且不需要对已购买的软件进行不断的系统升级及与升级相适应的培训，而是在其软件自行完成更新以后，根据软件简洁、明了的用户指导说明，自行进行学习及应用即可。

4. 注重保护用户数据的安全

在线会计服务软件克服了以往财务软件可能存在的数据丢失的风险和弊端，不论在技术层面还是在安全保护、法律保障方面都有完美而缜密的设计，从而规避了数据丢失、账号被盗所造成的风险。

5. 服务对象广泛

在线会计服务可适用的企业范围是从小型代理记账公司到大型上市公司，而其主要服务对象是经济市场为数最多的中小型企业。

（四）在线会计服务的现状

在线会计服务是顺应互联网大数据时代而产生的新兴事物，与其对应的在线会计产品也是市面上不曾出现过的新兴产品，因此在其运行和社会推广进程中难免会遭到质疑或者存在问题。也就是说它本身仍存在一些不足，有待完善。这些不足主要表现在相关法律制度不健全、信息安全保障存在隐患、从业人员缺乏诚信、监督管理体制不规范等方面。然而不可忽略的是虽然在线会计服务的体制尚不完善，但其具有非常广阔的隐形市场有待开发，所以其发展前景是光明的。对于市场份额巨大的中小企业来说，在线会计服务投入使用，在减少企业运转资金、提高企业财务能力和增加企业市场竞争力方面均具有显著作用。随着在线会计服务体制的逐渐完善和市场推广力度的不断增大，其优点得到了社会的广泛认可，在这样的背景下众多软件公司纷纷加入它的行列。下面我们以具体实例进行说明：继金蝶 2007 开发出友商网之后，不同的软件公司又相继推出伟库网、"网上管家婆"和四方财务在线等网络服务软件。在众多软件公司的加盟及其本身运行机制不断完善的条件下，在线会计服务对象已经从以中小型企业为主，逐渐扩展至大型上市企业。

第二节 会计教学环境分析

任何形式的教学活动都会受到相关外部条件的影响，我们将这种外部条件统称为教学环境。而会计教学的相关外部条件之间相互影响、相互制约，形成了一个纵横交错、复杂的网络,从而对会计教学活动的展开产生了深远影响。在知识经济时代,经济全球化的步伐也从未停歇,而互联网的普及又使得会计教育环境具备了因素复杂、变化迅速的特点。在这样一个大的时代背景下,会计教师只有快速适应环境变化,并制订适合的培养计划,着重对学生的适应、应答及创新利用能力进行培养,才能培养出符合市场需求的新型人才。在当前环境下,会计教育的开展应对以下几方面的因素加以注意。

一、社会环境变化

经济基础决定上层建筑。社会经济环境的发展为会计行业的生存提供了必要的土壤。在企业对自身运行机制及管理模式大变革的同时,会计行业也逐渐将其涉猎范围由简单提供财务服务,扩展到能为企业破产、兼并、租赁等活动提供相应服务;而其服务内容也增加了投资、网络交易、三方交易等方面。会计行业的这些变化都是在生产力发展促进生产方式发生转变的基础上实现的。换句话说就是物质资料决定生产方式。21世纪,我国对政府与企业之间的关系逐步调整,政府职能更加注重增加社会福利,完善社会保障,并将环境保护作为国家经济进一步发展需要首先解决的问题。在这样的努力下,我们有理由相信我们的生活环境将会逐渐改善,社会教育环境也会逐渐净化。

与此相适应,随着互联网经济和网络银行等一系列线上交易的开展,有关环境保护、社会福利、社会保障等方面的会计学知识将进一步完善,并逐渐成为占领大学会计教学内容的重要组成部分。

政治环境是一个国家在一定时期制定的各项路线、方针、政策和整个社会的政治观念它属于上层建筑范畴,会对会计行业的发展产生直接影响。不同的国家政权不论是在市场资源配置和管理的要求重点还是在社会财富的衡量标准、财务的计算处理方法,都是与国家政治体制相适应的。随着市场经济体制的确立,改革开放进程的加快,金融市场更加重要,在我国,金融市场不断发展、产业资金与金融资金的联系也日益紧密的现实条件下,金融资本在经济发展的影响力不断扩大。与之伴随而来的是银行会计、保险会计等日渐重要的会计形式,也成为会计教学的主要内容之一。

二、经济全球一体化

在世界经济逐渐成为一个紧密整体的今天,全球的商品、信息、技术和服务等资源都以实现全球资源的优化配置为目的而自由流动。世界卫生组织是以实现经济一体化而建立的全球性组织。会计行业在经济全球化的进程中扮演了推动者的角色。会计与音乐和事物一样是没有国界的，因而可以作为商业交流的专用语流通于各国。然而国际会计准则之间的巨大差异成为经济全球化发展的巨大绊脚石，它不但会增加资金消耗，浪费资源，同时也会在各国贸易时引起纷争。因此，制定一个国际共同认可的会计制度与准则势在必行。世界经济全球化是推动会计行业国际化的原动力，而全球化又对我国会计教育的发展提出了新的要求。跨国公司的大量涌入及其适应性的生存策略，对我国相关人才的需求也提升了很多档次。全能型国际人才日益成为市场需求的主流。在这样的全球形势下，国外教育机构纷纷采取优惠政策吸引中国学生出国深造，与此同时，国外企业在中国办学教育的限制也逐渐宽泛，从而对我国教育行业造成了激烈的竞争。而会计资源的争夺又给我国会计教育事业的发展提供了新的契机。我们可以将国外成功教学经验与我国的具体国情相结合，制订适应我国的会计教育发展策略。

随着经济全球化的深化，克服因国家之间社会背景及经济、政治背景不同所造成的会计准则与规范的差异，摆脱束缚国际通用语言会计发展的羁绊，以增加会计信息的可靠性，推动会计国际化，降低交易成本，进一步推进国际贸易的开展，已经迫在眉睫。因此，有必要从国际角度对会计行业的语言障碍进行交流调整。经济全球化的背景下，经济危机也全球化，一个国家的财务危机很容易波及另外的国家，也就是说国际环境日益复杂，也增加了会计改革的迫切性。在日益发达的科学技术强有力的支持下，我们有理由相信会计国际协调一定会取得有效的进展。

三、信息技术革命

全部社会经济的运营模式形成彻底性改变得益于成长的现代信息科技，其核心是网络、通信与计算机科技。第一，会计信息体系依托于现代信息科技，它是高功率、智能化的信息治理体系在网络环境平台上创建的，它不仅能够高度分享会计信息，把会计信息体系改变为一个开通的体系，并将其计算得只能拓宽为治理与掌控职能，而且能够深度自动化处置会计事务，并及时和自主上报会计信息。第二，会计主体传统的金字塔式组织构造将在信息科技的推动下被新的网络组织所代替，中层管理将渐渐淡出历史舞台，而下层与上层的关系更为直接密切。如何创建能准确监察和反映公司经济行为这一问题必然会随着变化的会计主题而提出。会计受现代信息科技的影响一定要与会计教学相符合，对教学方式、手法、内容实施相应的变革。

四、知识经济的发展

在当今以知识为基础的经济社会发展中，人类的知识储备和对有关信息的创造利用越来越发挥举足轻重的作用。换句话说就是人类的智慧在经济竞争中的地位越发重要，知识就是生产力。中国科学院在有关知识创新的调研中指出：有关证据指出世界经济合作与发展组织主要成员国经济发展的主要动力是知识。知识已经成为经济发展的主要生产力之一。同样，在知识经济的时代背景下，会计行业的生存环境也作出了相应的调整适应。财务工作者需要适应时代需求不断更新知识储备和工作技巧及手段，以期能真实地对经济真实发展情况做出反馈，从而为国家和经济社会的发展培养更多优秀的会计专业人才。

在知识经济社会中，虽然依旧有工农业的存在，但越来越多的人参与到新型经济中，其主要特点之一就是投放无形资产，提供越来越多的高回报的服务性业务种类与工作职位为具备多种知识的人才。这不单供给了宽广的空间与极好的机会为会计的职场功能的充足发扬，也为变革会计教学供应了充足的经济支撑与物质保障以及创建了优秀的环境。知识经济时期发展的信息科技为创新会计教育方式与教育手法提供了技术支撑，会计教育方式会被衍生的讯息科技工具所完备与充足，而会计教育的基本手法则为网络与电脑科技。

五、教育机构的竞争

在全球化的今天，竞争日益激烈，竞争的领域也逐渐延伸到了教育界。在这样的社会潮流背景下，国内高校兴起了与国际相关组织合作的高潮。在会计行业主要表现为将国内的学历教育与会计资格证的国际认可相结合，一方面有机会培养出国际认可的专业技术人员，另一方面在一定程度上对我国会计教育的落后局面也有一定的改善。而且中国学员众多，市场广大，也吸引了许多国家纷纷为中国学生亮起了绿灯，并制定了如放宽签证条件等一系列的优惠政策。而与此同时，我国对在华兴办教育的条件也作出了相应的调整，以欢迎更多的国家来中国兴办教育。在这样的历史条件下，本土的教育结构就与国外新办的教育企业形成了直接竞争关系。互联网的普及加剧了两者之间的竞争关系。国际教育唾手可得，而国际教育机构的兴建也是一把双刃剑。一方面，在争夺教育资源的同时，为我国会计教育行业提供了接触先进知识的机会，有利于会计教育机制的改革和发展；另一方面，国际会计教育的兴起，对我国会计教育的发展有巨大的挑战性。顺应时代发展潮流，培养适合时代竞争的新型人才是我国会计教育界必须认真应对的挑战。

第三节 会计改革任务与理论研究

尽管我国会计理论研究在近年来取得了非常丰富的研究成果，在促进会计发展的同时，也促进了经济社会的发展，从而对市场经济与资本市场的建设与发展起到了非常重要的推动作用。但是，国家根据《中华人民共和国国民经济和社会发展第十三个五年规划纲要》和《国家财政"十三五"规划》的有关要求，制定的《会计改革与发展"十三五"规划纲要》提出，"随着我国经济结构调整和发展方式转变，会计工作面临许多新情况、新问题，要求会计法制、会计标准必须适应环境变化不断完善、强化实施，要求会计从业人员必须转变观念、开拓创新，要求会计监管和宏观管理必须改进监管方式、形成监管合力和牢固树立服务理念，在认真总结过去五年会计行业成绩经验基础上，科学引导会计行业在未来五年健康顺利发展"。这就要求会计教育朝着专业化与法治化的方向发展。

一、"十三五"时期会计改革任务与理论研究

（一）"十三五"时期会计改革任务

根据《规划纲要》确定的指导思想、基本原则和总体目标，"十三五"期间会计教学改革和发展的重点任务主要包括以下项目。

1. 切实加强会计信息化建设

积极适应国家"互联网+"行动计划和"大数据"战略的新要求，努力为业务数据与财务数据的深度融合营造有利的政策环境。要加强顶层设计，做好企业会计准则通用分类标准的维护和完善工作，推动其在监管领域和企业管理领域的应用。要研究探索会计信息资源共享机制、会计资料无纸化管理制度等。要认真抓好《企业会计信息化工作规范》等制度的贯彻落实，积极探索推动行政事业单位会计信息化工作，推动 XBRL 在政府会计领域的应用。

2. 深入实施会计人才战略

实现会计行业的发展，必须建设一支规模宏大、结构合理、素质优良的会计人才队伍。

因此，要完善会计人才培养模式，创新会计人才培养方式，大兴爱才、敬才、用才之风，为会计行业发展奠定基础。要继续深入开展全国会计领军

人才培养工程，制定《全国会计领军人才培养工程发展规划》，健全全国会计领军人才培养工程及其特殊支持计划长效机制，创新领军人才的选拔、培养机制，完善考核、使用制度，不断充实全国会计领军人才队伍，力争到2020年完成全国会计领军（后备）人才达到2000名的培养目标，并持续推进全国会计领军人才培养工程特殊支持计划。同时，因地制宜地引导各地财政部门和中央有关主管单位开展符合自身实际需要的会计领军人才培养工作。推动在大中型企业、行政事业单位配备总会计师（财务总监），深入推进大中型企事业单位总会计师素质提升工程。加快推进管理会计政府会计、国际化会计人才等行业急需紧缺专门人才的培养，注重发挥用人单位在人才培养中的积极作用，建立健全会计人才联合培养机制，营造高端会计领军人才成长的宽松环境。

要进一步改革会计专业技术资格考试评价制度，改进选才评价标准，完善考试科目设置，提高考试水平与实践能力的匹配度，推动增设正高级会计专业技术资格，形成初级、中级、高级（含副高级和正高级）层次清晰、相互衔接、体系完整的会计专业技术职务资格评价制度。进一步优化会计人员结构，力争到2020年具备初级资格会计人员达到500万人左右，具备中级资格会计人员达到200万人左右，具备高级资格会计人员达到18万人左右。

要认真做好会计专业技术资格考试和注册会计师考试管理工作。会计专业技术资格考试和注册会计师考试肩负着选拔人才的重任，是人才培养和执业准入的重要环节，也是引领会计人才成长的风向标，做好这项工作意义重大。

考核安全这根弦一直不能放松。测验工作的重心是考核安全守秘，它处于举足轻重的地位。在考核工作中，安全是达到考核公平公正的先决基础。工作员工和各级考试治理部门都需要深化安全治理，坚守法规，使廉洁危险与安全守秘融合在一起，保障考核安全守秘事务每个阶段有效连接。通过增强建立考核规章、内在掌控以及过程，深化考核机构处理，合理策划、掌握重心、严厉实行，保证每种工作顺利进行。

要不断完备会计人员继续教育制度，增加专科职称才能，使会计训练场所标准化，更深层次推进会计教育变革，增强会计专科学历研究生教育工作。增加会计产业工作思想建立工作，设计会计员工工作思想典范，提升会计员工的工作素养和教养。

3. 开展会计理论建设，繁荣会计理论研究

研发会计理念支持着会计的变革与进展。增加引导会计理念研发事务的力度，保持理念创造与实际相结合，引领会计理念员工牢牢以财务会计与经济社会进展为重点，强化进展创造新的理念与会计学问研发，迅速建设中国

会计方式体制与理念，其具备中国特点，并能达到重大理念突破以及凸显国际感染力。要引领会计理念工作者进入变革实践前线，归纳实际体验，产生理念指点，推进会计的变革与进展；更深层次充足会计理念研发方式，确实改良文风学风，持续纯净学问氛围。要不断培养会计专家训练项目等学术领头羊；更深层次地把《会计研究》和英文版《中国会计研究》弄好。要深化指点每个会计学科的工作，帮助学科依法举办学问项目，完善学会内在处理，力图把学会建设成一个核心智库用来变革与进展会计。

4. 高度重视会计管理队伍建设

担负起艰辛而沉重的会计变革与进展职责，并大力推进会计事务的转换与晋级，塑造一个有思想、有承担、懂专科、有大局观、干实事的会计管理队列的核心是人。最近，连续提升的会计治理干部队列素养大致能够满足会计行业进展需求。但不可避免也有一部分员工的理念、学问和思路不懂变通，不能与新需求和趋势符合；还有从别的位置轮换过来的职员不具备系统化的会计处理常识条件。会计管理员工队列建立需要被各个财政单位着重看重，并渐渐产生一种培养机构，它面对基础会计管理员工并把新政策新制度专科培养与垂直培养相融合，力争把会计处理干部的才能与素养提高；举行精确化的管治训练、策略训练、理念训练、规章训练和规则训练，对干部的技能弱项、体验误区、自己知识空缺进行训练，使他们对新趋势新目标的才能和自信提高。聘用与筛选会计管理干部要受到各个地方财政单位的器重，使会计管理队列拥有越来越多的高素养、有担当、作风优良的干部；着重维持会计处理干部队列的稳固性；实现党自己管理自己，并且严格要求自己的目标，既要严厉监察与管治会计处理干部，又要使会计管理干部在日常与劳动中感受到支撑与关心，并把其进步道路增宽，使广大干部心情愉悦、踊跃劳动、富于信心，敢于承担。同时，每个会计管理员工也要爱惜自身的家庭、工作与人生，坚持理念，自动遵守纪律，认真履行职务，踊跃承担责任，争取奉献自己的力量推动进展与变革会计。

5. 贯彻实施《规划纲要》

中央关联主管单位与各个财政单位要达到进展与变革会计任务的一种轨制安置是《规划纲要》被完全彻底落实，同时它既是战略部署全力推进我国变革与进展会计，也是进展与变革会计的大纲性文件。要确实彻底落实《规划纲要》，创造优秀的社会环境来全面强化会计变革，深切意识到颁布实行《规划纲要》的重要含义，大力宣扬与号召研习《规划纲要》的引导思想、整体任务、核心变革目标、大致准则和策略行为等。各地区、各部门要积极推动将《规划纲要》中重要会计变革与进展措施，要被各区域、各单位踊跃收纳于本区域（单位）的社会进展和国家经济"十三五"规定中，有条件的区域（单位）可以和本区域（单位）会计"十三五"实践研发谋划或整个政策行为相融合，保障相关重要会计变革目标生根发芽。

（二）"十三五"时期会计理论研究

实践产生理论，反过来指引实践并接纳实践检测。"十三五"时期会计进展和变革的其中一个目标是建设会计理念，而且，"十三五"时期会计进展与变革的形势是兴盛与进展会计理念与研发事务的前提，并将之与十五项核心变革目标的详细实施相结合。要在其中使财政会计核心事务与经济社会进展的重要题目被掌握，尤其和供给侧结构性变革关键的事项展开理念创造与探求，供应理念支撑与科技验证为会计政法行为研发定制经济社会进展服务需求。许多触及的会计问题，如降成本、补短板、去库存、去杠杆、去产能，需要会计处置的是无偿划拨财产、僵尸企业处置、企业破产的清理等，都要求会计理念研发人员进入变革实践前线，归纳实践体验，产生理念引导。与会计相关联的核心理念点题的包括党的十八大以及十八届三中、四中、五中全会，包括"建立权责发生制的政府综合财务报告制度""探索推进国有企业财务预算等重大信息公开""编制全国和地方资产负债表""编制自然资源资产负债表""推行节能、碳排放权、排污权、水权交易制度""强化内部流程控制，防止权力滥用"等，会计理念界应当对这方面强化研发，加强关心。为我国重要冲破原著性会计理念的产生创设了不可比拟的客观前提，是建立中国特色社会主义的宏伟实践。

二、以创新引领会计信息化，助力会计工作转型升级

当今世界，信息技术创新日新月异，以数字化、网络化、智能化为特征的信息化浪潮蓬勃兴起。适应和引领经济发展新常态，增强发展新动力，需要将信息化贯穿我国现代化进程始终，加快释放信息化发展的巨大潜能。信息化已经成为开展各项会计工作的基础环境，会计信息化建设是《会计改革与发展"十三五"规划纲要》（以下简称《规划纲要》）所确立的"十三五"时期会计改革与发展的重要领域之一，是实现会计工作转型升级的重要基础。《规划纲要》从会计改革与发展的全局高度出发，提出了"十三五"时期会计信息化工作的目标任务和措施，明确了会计信息化工作的重点方向，对于推动会计信息化创新，助力会计工作转型升级具有深远的意义。

（一）推进会计信息化创新的重要意义

会计工作是经济社会发展的基础，信息化是当今世界发展的必然趋势，

会计工作与信息化建设密切相关、相辅相成、相互促进。在信息技术创新不断加快的情况下，积极推进会计信息化工作创新具有重要而深远的意义。

第一，推进会计信息化工作创新，是顺应信息技术发展趋势、贯彻落实国家信息化战略的重大举措。信息化是充分利用信息技术，开发利用信息资源，促进信息交流和资源共享，以创新引领会计信息化助力会计工作转型升级增长质量，推动经济社会发展转型的历史进程和变革力量。

第二，推进会计信息化工作创新，是助力供给侧结构性改革、服务财政中心工作的客观要求。习近平《在庆祝中国共产党成立95周年大会上的讲话》指出，要坚持以发展新理念引领经济发展新常态，加快转变经济发展方式、调整经济发展结构、提高发展质量和效益，着力推进供给侧结构性改革。财政支持结构性改革的重要举措包括支持"三去一降一补"推动理顺价格关系、推进城乡要素流动、优化投资结构等。

第三，推进会计信息化工作创新，是顺应市场经济发展要求、提升企业经营管理水平、实现会计工作职能和手段转型升级的有力支撑。会计是通用的商业语言，会计信息在反映企业经营状况、引导资源配置、完善基于市场供求的价格形成机制等方面具有重要意义。第四，推进会计信息化工作创新，是顺应经济全球化发展要求，参与国际规则制定和协调的必然选择。随着世界多极化、经济全球化、文化多样化、社会信息化深入发展，全球治理体系深刻变革，谁在信息化上占据制高点，谁就能够掌握先机、赢得优势、赢得安全、赢得未来。推进会计信息化工作创新，加强会计信息化标准化方面的工作，全面介入有关国际会计信息化标准的研究与制定工作，充分发挥中国在会计信息化标准方面的国际影响力，不断学习借鉴国外先进成果并大力推进自主创新，积极促进我国会计信息化领域的标准成为国际标准，实现会计信息化工作的弯道超车。

（二）会计信息化工作取得的成绩

一是会计信息化工作的顶层设计已经基本完成。会计信息化工作需要调动多方面的积极性共同推进，在各单位的支持下，财政部先后建立了会计信息化委员会、可扩展商业报告语言中国地区组织和全国会计信息化标准化技术委员会三个协同机制。其中会计信息化委员会是我国会计信息化标准体系建设、实施和管理工作的咨询机构和协调机制，由财政部、工业和信息化部、中国人民银行、审计署、国资委、国家税务总局、银监会、证监会和保监会9部委以及企业、高校、软件厂商和咨询机构组成。可扩展商业报告语言中国地区组织是可扩展商业报告语言国际组织的正式国家地区组织成员，由会计信息化委员会的成员单位组成，是我国可扩展商业报告语言工作国际交流平台，负责推动可扩展商业报告语言在中国的应用。全国会计信息化标准化技术委员会是负责会计信息化领域国家标准制定的专业技术委员会，归口负责会计信息化领域的国家标准的起草和制定。

二是会计信息化标准体系的建设已经基本就绪。按照《指导意见》"标准先行"的思路，财政部以会计信息化标准制定为切入点，重点加强会计信息化标准体系建设，目前已经建立起较为完整的会计信息化标准体系。这一标准体系包括：①可扩展商业报告语言技术规范系列国家标准，用于规范可扩展商业报告语言相关计算机软件，于2010年制定发布；②企业会计准则通用分类标准，用于编制可扩展商业报告语言格式财务报告，于2010年发布，2015年进行修订；③会计软件数据接口标准，用于交换账簿和凭证数据，已经印发征求意见稿，计划以国家标准形式发布。

三是可扩展商业报告语言在资本市场、国有资产和保险等监管的应用已经初具规模。目前，可扩展商业报告语言已应用于资本市场信息披露、国有资产财务监管、保险偿付能力监管等相关领域。目前，上海和深圳证券交易所的所有上市公司在年度和季度财务报告披露中使用了可扩展商业报告语言。国资委基于财政部通用分类标准制定发布了央企财务决算监管扩展分类标准，逐步扩大可扩展商业报告语言在央企财务监管中的应用，目前已经有16家中央企业试点实施。保监会在其第二代偿付能力监管中应用可扩展商业报告语言，目前我国所有的保险公司都已经向保监会报送可扩展商业报告语言格式的监管报告。人力资源和社会保障部在企业年金和职业年金监管领域也在制定相关的可扩展商业报告语言分类标准。可扩展商业报告语言在上述监管领域的应用有助于监管部门提升监管效能。可扩展商业报告语言获得了越来越多监管部门的支持，在我国的应用正不断拓展。

四是可扩展商业报告语言对企业的应用价值已经初步显现。在实施通用分类标准的基础上，部分企业正在探索将可扩展商业报告语言应用从对外报告向内部应用领域拓展，并启动了应用项目。这些项目运用可扩展商业报告语言统一标记企业内部数据，形成统一的结构化数据体系，为管理会计提供高质量的数据支持。目前，已有数个项目完成并投入使用，取得了良好的应用效果。例如，中石油湖北销售公司以可扩展商业报告语言标记了该公司全部信息系统产生的数据，初步形成了涵盖所有业务领域的运营大数据，在传统方法难以量化管理的环节上逐步实现精细化管理。浦发银行以可扩展商业报告语言标记了财务部门和多个业务部门共享的数据集市，实现了服务于管理会计的"业财融合"。随着越来越多的企业探索可扩展商业报告语言内部应用,我国企业应用可扩展商业报告语言的内生动力逐步增强。五是可扩展商业报告语言数据的互联互通已经显露雏形。在会计信息化委员会各成员单位的支持下,财政部已逐步建立起一套横跨财务报告领域和不同监管领域的可扩展商业报告语言分类标准家族,这些分类标准彼此之间互相兼容,为可扩展商业报告语言数据的互联互通奠定了坚实的标准基础。在这一分类标准"家族"中,财政部负责制定用于财务报告领域的通用分类标准,并联合监管部门制定通用分类标准在不同监管领域的扩展分类标准。这些分类标准采用相同技术架构,对于监管报告中涉及的财务概念,监管分类标准直接引用通用分类标准的定义,不再重复定义。统一标准确保了可扩展商业报告语言数据可以相互兼容,进而使得监管部门之间数据互联互通具备了基础。同时,企业可以将多个监管部门不同的分类标准和报送要求置于同一个信息系统中,以便自动组装并生成对不同监管部门的报告,有效降低了企业对外报送的负担。随着监管扩展应用范围的不断扩大,通过统一标准实现数据互联互通的优势将逐步显现。

第二章 会计教学改革的出路

第一节 当前会计教学改革的机遇

一、互联网时代高等教育发展的机遇

（一）搭建优质教学平台，催生海量教学资源

网络平台的开放性使得只要接入互联网，海量的优质教学资源，国内外名校的公开课程或各地专家的研究成果，都以开放的形式向广大受教育者敞开。他们不再依赖固定的教学方式，不再局限于课堂资源，可以充分利用互联网平台，根据个人兴趣，选择学习内容，分享学习经验，促进相互之间更好地学习。

互联网模式下，学生不仅可以学习到国内各大高校的名师课程，更能学到国外许多著名大学的课程。比如，慕课平台 Coursera，edX，Coursera 是由美国斯坦福大学创办，同世界顶尖大学合作，在线提供免费的网络公开课程；edx 是由哈佛大学和麻省理工学院联合创建的免费在线课程项目，由世界顶尖高校联合，共享教育平台，分享教育资源。这些网络平台使学习者可以足不出户，自由安排时间学习国内外优质课程，享受海量在线资源。

（二）降低教学资源的生产与使用成本

一方面，生产成本降低。制作课程时获取素材更加低廉、便捷，在线课程开发制作后，可重复利用，其使用、传播的边际成本将无限降低。并且随着课程参与人数的增加长期平均成本将随着选课人数的增多而降低。另一方面，使用成本降低。学习者根据自己的实际情况，选择适合的免费课程和付费课程，可供学习者不限时地学习，降低了学习者的使用成本。

（三）拓展新型学习样式，提高学习效年

学习者分享资料、学习知识具备更快的速度。在"互联网+"时代下，他们可以与他人一起探讨琢磨或求教于在线专家及教授来处理遇到的学习难题。而传统方式下，学习者只能耗费极大的精力与时间去翻阅书籍、资料来解决学习难题，费时又费力。

传统授课中，虽然老师在相同的地点、时间给学生教授一样的内容，但每个人掌控的程度不同，学习效果也不同，在这类学习氛围下，很难跟上老师的节拍，因此学生自身的思想很难被拓宽。而"互联网+"方式下的教学，学生可以自由掌握学习时间跟内容，课堂上的内容可被学生划分为多个知识点，在零碎时间自在学习，自由把握自身时间与知识，也能够不懂时暂停下载下来并考虑，让学习变为一种活动——每人随时随地的学习，极大地把学生的学习爱好激励出来。

各种新的学习方式如自觉性学习、互动式学习等被学习者们接连融合"互联网+"模式。

学习者不仅能充足借用网络科技与多媒体科技，利用网上资料自觉实施双边互动学习，还能够自主掌控学习情况，选用合适的练习方式，自己确定学习目标。新的学习方式被"互联网+"时代所扩充，同时也为学生的学习提供了资料及舞台为学生的学习。

二、互联网时代会计行业的机遇

（一）一般性会计工作与时俱进

作为会计管理的基础组成部分的会计工作在互联网时代，更应充分发挥在处理信息、核算数据、评价管理等方面的优势，利用好丰富的互联网资源，借助"大数据""云平台"等网络资源的力量，实现会计部门的政务公开、电子政务、网上交流等，促进会计工作的与时俱进，更好地服务于经济社会的发展。

（二）推动会计服务模式升级

互联网时代推进了分工社会化以及新型会计服务体系的构建，同时也促进了会计服务模式的升级打破地区地域的限制，将线下业务逐渐转变为线上业务，实现了实时记账和财务咨询，为客户提供更多、更高效、更便捷的会计服务。这不仅能够把财务信息提供给传统的企业所有者，还可以借助新兴的网络技术，使会计信息处理更全面、及时、动态，从而使会计核算更规范、高效、集中，为管理者的决策提供更大的帮助。同时，互联网的发展也为会计管理部门的政务公开、电子政务、网上交流等服务提供了有效平台，促进了会计管理部门管理服务模式的进一步转变。

（三）促进会计管理职能的转变

监察、计算和测量是传统会计工作的基础机能，而会计工作在"互联网+"时代——其依赖"大数据""云平台"等讯息科技不仅要包含基础机能，还要在治理决断、成效治理、预料解析等方面起作用，从而使会计工作由普遍的财务会计的静态模型变换为新颖的治理会计的动态模型，推动会计机能的变革与工作的提升，更充分地把会计的谋划、预料、决断、解析、掌控、监察等作用凸显出来。

（四）催生会计领域的新发展

会计行业在互联网时期接连被成长交融时，也带动了会计相关范畴的繁荣。不断产生的网络会计师工作室、互联网记账企业等经营产业，和客户在第三方B2B平台实行线上线下沟通，在教育方面受到了很多客户的喜欢，大量出现了网络会计培养学校，绝大部分人取得学历的方式变为在网上学习，看网上老师讲授以及流行于网上的讯息，因此知识也在网上定型。

三、互联网时代会计教学的机遇

（一）互联网时代会计教学形式的改革

老师在课上讲为主体，学生通过书本和粉笔被动地吸取知识，老师教授的为引导，这三者是传统会计教育传输知识的模式。老师随着普遍使用的讯息科技被要求用多种方式整合改进课堂内容，从而形成互动课堂包含多种互相传递的讯息，要把学生的自觉性、踊跃性充足表现出来。会计教育要把讲授会计知识与会计思想一样看重，在教育经历中把学生的自立思想表达出来，换个说法就是，"以学生为中心"的模式是互联网时期的会计教育管理模式的主流，而不是传统"以教师为中心"的教育模式，互联网时期学生学习的主观能动性要被教育组织充分挖掘出来，学生不仅要"学会"还要"会学"，因此也改革了教育模式。比如，《会计基础》中订账单票据操作课程，讯息化教育下，老师凭借多媒体播放视频的方法就能够完成，既能调动学生的自主性，使他们增加学习兴趣，又能让课堂教育变得丰富多彩。而在传统教育下，老师只能单一在课堂教授，而操作只能在实训阶段演示。

（二）互联网时代会计课堂教学媒介改革

许多媒体如 QQ 工具、微信平台、网络平台、微课、多媒体会计教学系统平台等，由成长的讯息科技所产生参与到教育领域，很短时间内烦琐多样的媒体及依托于计算机网络技术与视听技术的多媒体智能教育体系成了发展的主流，而不再是简洁直接的 PPT 与传统的直接性教育媒体。课堂作用和职能随着教育的网络化、数字化、智能化的繁荣连续增加与扩大。这些新出现的媒介不仅变成人们的学习资料和认识器械，还变成了会计教育讯息的介质和协助手法，接连把教育环境的构成因素更改着。比如，会计教育课上老师点名环节采用微信课堂点名的方式，极大减少了点名时间，增强了讲课功效。虽然课上运用讯息化的方式各式各样，但老师无法避免的问题与研究的范畴是怎样运用现代教学科技和多媒体教学资料的优点推动提升教与学。

（三）信息化会计教学资源改革

会计专业要求具备极强实践性，对学生的需求不单是牢围的理论根基要掌控，还要掌握会计基础技巧，学习实践技巧。讯息时期科技助力课堂教育，为教育供应讯息化教育氛围和支撑，运用多元化教育资料实施实际教育。实行教育的前提是会计的教育资料，运用当代资料优点及老师间配合，在古板的会计教材体制上建设开通性教育资料以及讯息化教育资料体制，依托于课程知识构造建设多元化聚集教育资料。比如，在《会计基础》中，老师能够使用讯息化网络采集实践技巧教育资源，凭借组合课程与讯息科技在渐渐创建精品课程中使课堂理念丰盛，着重使用与探索讯息化练习器械，创建条件支撑数据化学习和情境化教育氛围，并共享依托于微信公众平台上的课程学习成果。

第二节 当前会计教学改革的挑战

一、"互联网+"时代对传统会计行业的挑战

会计的本质与涵养在互联网的影响下均形成了很大的改变，也让其形成了一定的延展，但同期也表现了一部分闻所未闻的问题和新的挑战。

（一）老旧会计思维对会计从业者的挑战

在互联网时代没有来临之前，长久位于惯性思想中的会计就业者即使对变化的数字非常敏感，但仍旧缺乏逻辑思想。互联网时期，会计讯息地传递

实现都是凭借互联网，自动化的会计讯息传递的实现不仅提升了会计工作的功效，还减轻了会计就业者的工作重担。相对会计就业者思想方法很顽固，很难被改变，而互联网时代恰恰是改变思想方法，对会计就业者形成了挑战。会计讯息化的进展增快得益于日趋完善与连续发展的网络科技，如果会计从业者不想被行业舍弃，那就需要改变自己的守旧会计思想。

（二）会计从业者人才方面的挑战

会计就业者的工作互联网时期未到来之前仅是对账目进行入账和计算、查阅等，很少和别的业务有联系，工作比较单一，所以不需要很高的工作能力。会计工作的情况伴着迅速进展的互联网发生了改变，不仅是单纯的管理账务，工作的方式和项目都发生了改变，很多需求在网络处境下实现，与互联网的联系越来越密切。这就要求会计就业者连续学习网络知识与会计相关的知识，面对会计从业者的技能方式的挑战，提升有关的管理功能，只有这样企业运行的效率才能得到保障。同时，订单式经济被互联网时期滋长进展导致兴盛一连串无库存企业。会计就业者学习会计知识方面相比较于以前有了变化，不单要熟悉掌控会计专科知识，与企业相关的企业知识也需要被知晓。目前，之所以会计就业者还要面对挑战与法律有关的知识以及创造能力，是因为无形资产如与商业荣誉及知识产权有关的纠缠较多。

（三）会计信息资料安全性受到挑战

互联网时期，会计信息数据大多以电子符号的表现状态储存在互联网上，不像以前在纸张上记录，而是将数据记录在硬盘上，但是互联网拥有分享资料的特点，并且具备无穷的伸展性，和以前的会计资料安全性比较，这样非常容易威胁到企业的会计讯息资源的安全。第一，网络资料可以分享，在传递和存储会计讯息的过程中，其具备受到蓄意修正及窃取讯息或非法攻击的可能性，企业因此可能遭受巨大损失。随着竞争对手掌控与知晓会计讯息，或者原有的会计讯息被破坏而失去作用。第二，古老证据讯息在互联网时期或许被仿造。在会计事务中，讯息由来的基础是最初票据，其对后来会计讯息十分重要。然而网络时期来临后，会计实施记账任务时，某些人员可能修改最初票据，并且修改的印记找寻不到，这种仿造的会计票据不具备意义，它会让整个会计进程无效。

（四）相关的会计法规滞后带来的挑战

之所以不容易监察会计系统，是因为会计的工作模式在互联网时代表现多样化，但与之相关的法规法律却非常落后。第一，大批的会计讯息处置软件随着快速进展的互联网出现在市场上,其中很多盗版产品会产生巨大的负面影响,对公司的财政管理,很难保障会计讯息的切实性与保密性。国家缺乏这类的法律法规,如保护正版产品的力度不够,以致盗版盛行,十分不利于会计行业监察会计讯息。第二,互联网的发展和普及,很多电子商务公司随着普遍与繁荣的互联网形成,然而我国还未健全与之关联的法律法规,缺乏网络会计的法律法规,很难完全监察这些企业,以致会计治理成效不大。同时,网络会计存在危险的原因是监察不力,因为监管不足也就无法保障会计体系的安全性。

(五)会计面临国际化发展的挑战

连续进展的电子商务与渐渐普遍的互联网,使得人和人、企业和企业不必受空间与时间的束缚,从而使他们的关系变得更加亲密。电子商务范畴伴着全球经济一体化发展变得更为广泛,群众能够与远距离的客户凭借互联网交通往来,并且在极短时间内可以成交数目巨大的额度。即全球一体化正渐渐产生。这也表明企业之间的竞争更加强烈甚至已波及全球。企业只有不断增加自己的竞争力,才能获取长久进展,在会计方面必须熟谙与知晓国外流行的会计轨制、会计计算办法和财务报告的相关规制,并且要想应付国际化发展挑战,就需要找出与自己及我国国情相适应并且在国际上普遍运用的会计程序与会计制度。

二、"互联网+"时代对会计教学的挑战

(一)国家的高等教育面临格局重构和生态重塑的严峻挑战

促使高等教学资料的跨国界流通与高等教学市场的跨国际拓宽具备了可能性,是传统高等教学的市场壁垒被互联网时代所打破。以 MOOC 为首的线上开通科目不单表现了一种新型教育模式,更把新的教学形态催育出来,因此把塑造教育生态与重建高等教学市场布局引爆了。引入国外优秀教育资料,不仅会给国内高校带来生活压力,也将威胁国家的文化安全。尽管科技不分国家,但在播撒过程中避免不了渗入西方资本主义价值观和意识状态。现在,文化软实力已变为竞争的重要部分。渗入的外来文化不仅对国家文化安全造成威胁,也让国家的文化软实力受到影响。

所以,改革高等教育一定要从全球策略高度出发。祖国的将来以及社会的精英恰恰是高校学生,如果我们的教育阵地渗入外国的教学资料而不能被自己的优秀教学资料所占据,那么大部分青年学生将被影响,后果非常严重。

（二）高核高等教育面临着教学模式冲击以及教育理念更新的挑战

以稳周课堂为主依然是目前高校的教学方式，而兴盛的慕课、转换课堂等将固定教育转变为以互联网为介质的新额教学方式，学生变为课堂主角，自觉学习，教室不再是唯一的学习地方。在线学习伴着迅猛进展的移动学习终端而成为生活不可或缺的东西。假如不是社会用人轨制与学历轨制的政治的限制，那么高校的传统教育模式一定会被互联网所打击。训练知识性人才是高校的教学观念，然而高校学生的目的大多为毕业顺利找到工作，对学校安置被动接纳。所以，要想在激烈的竞争中不被出局，一定要塑造高校的教学观念。

（三）高校教师面临自身角色转变和信息技术应用能力的新挑战

互联网教学方式下，高校老师应适应从讯息的展览者向解答者、辅助者的转变。扭转课堂的方式下，学生变成了课堂的主角，教师先录制好视频，学生依据课下观看的由老师提前录好的视频，自觉学习，课上老师对学生的问题提供专门的解答。互联网教学方式下的高等教学对于老师有了更好的需求，要掌控坚实的讯息科技教学技能，提升讯息科技教育功能，加快与新型教育方式相符合。这对老师传承的教育观念造成了冲击，特别对于中西部地区的一些老师。尽管教育公正被国家所倡导，并且供应了讯息化设施激励发展中西部地区的教育，但许多老师仍旧使用守旧的教育方式，没有实际性的进展与变化，墨守成规。所以，应转化理念，加快与互联网为舞台的新型教学方式相符合。

（四）学生面临更高的新挑战

学习资料在互联网笼罩的现代具备充足性和开放性的特点，但参差不齐，因此学生要想真实掌控知识，要学会选择有用资料并解释吸收讯息。学生在互联网教学方式下学习内容与时间可以随意选择，但表现出反复性、杂乱性，所以要学会运用零星时间分离没用讯息，构造知识网，散布的知识点体系化，把握中心知识。开通的网络一定会凭借和学习无关的内容扰乱学生的集中力，进而减少学习功效，起到相反作用。所以，在互联网方式下对学生的学习技能、自主性等有了更高的要求。

第三节　当前会计教学改革的可行性

如今高新科学技术对经济发展产生的影响越来越大，科技成果转化为生产力的周期也一直在变短，知识更新换代的速度正在加快。不同领域、学科的互相交通与结合越来越影响有品质的科技成就及转变为生产力的程度。经济的全球化已经形成气候,以电脑技术为代表的信息技术已经渗透于会计教学和实务的各个方面,所以我国会计教学的信息化和国际化是必备需求。信息教育、专业教育、创造性教育、道德教育、外语教育和计算机教育六大体系构成了于玉林提出的 21 世纪会计教学引导思维含义的主体。

一、信息化建设为会计教学改革奠定了基础

在会计教育的信息化方面,除了在实验教学里对于实验信息平台在远程教学和模拟实习平台上的应用,目前国外已经开始普及使用可扩展商业报告语言作为财务报告的主要形式,我国有必要将这一革命性的最新应用扩展到会计教学和科研的各个方面。可扩展商业报告语言,是以统一的计算机语言形式和财务信息分类标准为基础的,使财务信息可以跨平台、跨语言,甚至跨会计准则,进行即时的、电脑自动化地上报、搜集和分析的一项信息技术。目前,此技术只应用于我国上市公司在上交所和深交所两个证券交易所的网站上,其他各方面的应用较国外(如美国的强制 Edgar-online 财务报告系统和英国的强制性税务报告形式等)还是比较落后的。我国的会计信息化教育可以此为着重点,抓住当前的机遇,满足时代的要求。

二、国际化为会计教学改革提供了方向

互联网时代,信息沟通顺畅,经济更加趋于多元化和全球化,所以要不断发展会计教育的国际化。在会计教育的国际化方面,除了教育形式和培养目标的国际化(英美目前的中低级层次的复合型人才和高级层次的专业性人才趋势),目前国际化的关键点在双语教学方面(或全英文)。会计的双语教学主要包括教材的国际化、授课和考试主要使用英文、师资的国际化三部分,这三大方面也是我国目前主要面临的三大问题。在英文原版教材的选取上,很多高校存在版本过旧问题,未能及时根据国际变动而更新。在授课方式上,没有完全将外语形式的专业教育与外语语言教育区分开来。最后师资上面过于依赖有限的本校双语教师,而未能发挥外教作用。其实适量以外聘或同国外大学合作的形式引进国外会计专业老师授课,可能会达到更好的效果。

三、专业化和实用性为会计教育改革提供了途径

伴着连续增加的社会竞争,高校学生掌控基础知识的程度在找工作上与研究生或更高级别的研究者相比并没有优势,而高校更偏爱训练学生专科技巧能力,从而让学生凭借较高的实习技能以及熟练的业务素养达到任职工作

职位的目标。会计专科的学生在专业性方面的要求被用人单位的现实要求与社会进展的趋势越提越高，会计专业为了使社会对会计专科学生的需求被满足，自动表现出了专业进展形势渐渐增强的特点。

学生的训练方向是由高等学校对于某用人机构和社会部门的需求决定的，这也是高校在教育教学经历中尽最大努力为学生供应模拟与实习机会的原因。终归夸夸其谈式的会计教育是无意义与价值的。从实践情况看，一般用人机构不愿意劳心费力去训练会计专科学生原本应当在学校获取的能力。所以，会计专业的教育教学在高等院校的进展思路尤其是高校会计专科的进展前景来看越来越实用。

四、综合性发展为会计教育改革确立了目标

高等院校也认识到训练学生综合性能力的重要性。相对会计专业来说，训练会计专业学生实务操作能力、理论知识以及经济法规、会计法规、职业道德等内容两者是缺一不可的。

所以，目前高等会计专科学生的综合素质也在连续加强。

第四节 当前会计教学改革的必要性

随着互联网时代的到来，经济全球化的趋势进一步明显，会计教育环境也随之发生变化，面对飞速变化的世界，会计专业教育也应该适应时代发展，充分利用互联网对会计教育的有利影响。时代的变化必然对会计教学提出新的要求。

一、"互联网+"时代学生创新能力的加强

"互联网+"时代会计专业学生要同时具备强大的解决会计事务的技能以及创造才能。其既表现在完备与变革公司内在谋划组织的各类方法准则，创建有用的内在掌控轨制来与社会需求符合，又表现在创造与变革会计督察、计算等详细会计岗位。伴着连续进展的会计，创造能力所占的比重在会计人才智能组成中更大，会计人才素养被社会要求得越来越高。

二、"互联网+"时代学生应变能力的需要

"互联网+"时代，舞台普遍，互动性、及时性和变化性是市场讯息的三大特点。会计学、管理学、经济学等方面的基础知识、内容和能力不仅需要被会计专业学生全面掌控，从而拥有任职本专业岗位的技能，更需要具备的

能力是能够与将来烦琐变换的会计环境相适应。权衡学生素质的标准不只是单一适应现在岗位的能力，还要看他是否可以把新知识引进到现有知识中，即看学生的潜力及其发展情况。换个说法，即懂得凭借已然变化的客观环境，使用基础原理和专科理念学问去处理、解析现实问题，寻求新的工作范畴与方法。

三、"互联网+"时代学生研究能力的提高

"互联网+"时代，由于资源丰富，我们要接受的信息量巨大，所以每个人都要提高各方面的能力，成为一名综合性人才。会计专业学生不仅要有较强的处置与获取信息的技能、人际交往技能与笔墨与话语表述技能，还要具备必需的研发技能，并掌控资料查找、文献搜索的基本方法。因此，为了训练学生探索新知识的技能与创造思想，技能提升应该被贯彻于教育的全经历中。

四、"互联网+"时代学生综合知识的增加

会计专业学生不仅要熟请国家相关法则、策略及目标，还应知晓国际会计常例，具备很高的专业外语与公共外语水准用来国际经济交流，具有相应的国际经济交流需要的学问，特别是贸易、金融、税收、会计等方面的学问。并且讯息科技学问一定要掌控，即一定要了解操纵计算机的能力，包含运用和维修、策划计算机网络讯息体系，利用计算机软件创建各类解析模式。通过计算机软件实施解析、操控、决断、展望等会计组织的能力以及运用计算机实施审核的能力。

五、"互联网+"时代通用型会计人才的需要

"互联网+"时代开通的讯息资料为世界各地的学生打通了随处可见的学习之门，这对高等教学会引发强烈的改革。在这个前提下，让高校运用移动课上资料训练"通用型"专科人才具备了可能性。

毕业后会计专业学生不单要可以担任与会计有关的管理岗位，甚至别的管理岗位，还要可以担任在各种所有制公司、组织形式、行业中的会计岗位。位于各类职业以及各类特殊职业的会计虽然具备各自的特点，但基础原理是互通的，把握基础方式与理论是会计教学的核心，应该探索课程配置与职业区分是否符合。

第三章 高校会计专业教学发展与改革

第一节 高校会计专业教学的发展

随着我国教育教学深化改革，在国家实行扩招政策后，本科毕业生数量逐年递增，本科毕业生特别是财务会计类专业毕业生就业前景不容乐观。这种就业压力促使高校在人才培养上要注重应用型人才的培养，必须注重人才与市场的接轨。在高校教学实践的摸索中，会计管理专业课堂教学与社会实践教学的结合程度关乎会计专业人才培养的成败。会计专业教学内容涉及金融学、管理学、会计学、市场营销学等多门课程。但是，多元化的理论课程设置并不能满足市场对会计专业人才的需求，而科学合理的经管实践教学体系是使得会计专业本科教学质量提升的根本。财务会计类专业本科教学的发展过程实质是课堂教育与教学实践相结合的过程，提升教学质量和培养学生实践能力、创新能力是高校会计专业教学的根本宗旨。财务会计类专业成为我国高校极其普遍的专业课程，但是由于学科专业结构不合理、经费短缺、师资人才薄弱等因素制约了许多高校对于会计专业实验室的建设，相比其他学科，会计专业在教学实训基地建设方面存在严重不足。

财务会计类专业不同于理工科专业教学实验拥有的特殊性，具有很强的应用性。它可以将课堂理论知识转化为实际能力，成为培养学生实践能力和创新能力的重要途径。与时俱进地优化会计专业的教学方案，补充实践教学内容，注重互联网、多媒体等技术与专业的实践教学融合发展。通过对会计专业实践教学的必要性、专业教学发展影响及高校会计类专业优化教育的发展路径进行考察分析，对高校会计类专业本科教学的发展，作出相关的分析和研究，重在促进高校会计类专业的健康可持续发展。

一、加强财务会计类专业实践教学的必要性

会计管理专业具有财经、管理、法律、国际贸易和市场营销等方面的综

合知识，既不属于文科也不属于理科，兼具自然学科和社会学科的双重性质，并且涉及第二、第三产业。因此，综合性、实践性和社会性是会计专业的特点。正因为这些特点，使得会计专业人才就业面广、社会需求量大，毕业生在择业时选择空间大，近年来会计专业毕业生在社会招聘过程中占比达到了10%以上，财务会计类专业迅速成为高校热门专业，各类高校也趋之若鹜地开设财务会计类专业。

由于各高校会计专业办学历史普遍不长，且仓促扩招和专业课程教学体系的不完善使得许多毕业生缺乏实践能力和动手能力，学生培养质量与培养目标、社会期望之间存在较大的差距。因此，有针对性地开展会计专业实践教学，完善会计专业实践教学体系成为当下经管人才培养的重中之重。

二、互联网、大数据对高校会计类专业教学发展的影响

随着社会的进步和科学技术的不断发展，互联网成为人们生活中不可或缺的一部分，互联网的发展为高校教学提供了新的思路。在传统高校本科教学中，由于互联网、大数据时代的出现，对各类学生的生活、学习、思维有了越来越清晰、准确的分析，有利于各大高校对学生的进一步管理，有利于老师对学生的分析和科学管理。互联网大数据是一种具有巨大容量的信息资源，从大数据视角出发，在财务会计类专业本科教学中，更多地了解高校会计类专业本科教学信息的变化，教学课程的创新，根据利用技术收集到的教学课程信息资源，来制订高校学生的课程设置，以及高校会计专业未来发展的计划。在目前高校对大数据应用的发展过程中，我国高校的大数据技术正在向着更加完善的方向发展，这种新形式的出现对高校会计类专业人才的培养产生了重要影响。

同时，随着互联网的普及，使得学生与教师之间的互评方式变得更加简单和便捷。在高校学科教育中，融入互联网是不可避免的发展趋势，是时代的必然发展方向。尤其是在高校会计类专业的教学中，更加注重课堂教学与实践教学相结合，需要互联网在其中发挥纽带的作用。一方面，互联网的引入，使得高校师生利用互联网可以进行有效的互评，并且学生可以在不记名的前提下向教师提出教学意见和建议，有利于信息的真实反馈，使得老师和学生在这种良性互动的过程中可以及时发现并解决问题。另一方面，互联网的发展促使多媒体教学纳入会计专业的教学理念之中，从传统的板书到现在的多功能教室、多媒体课件播放，从静态的文字教学发展为动态的文字、图片、视频等多种教学模式的互动，有利于提高学生的学习兴趣，同时对教师的教学思路有重要影响。

三、优化高校会计类专业教育发展路径

传统教学理念中，要求学生倾向于对财务会计类理论的学习，对专业社会实践要求较少，重视程度并不高，为了改变这种高校教学现状，我们要促进高校健康和可持续发展，夯实创新创业理论知识的基础，注重培养高校会计类专业应用型高级人才。与国外的高校会计类专业相比，在我国会计专业还处于探索阶段，创新教育仍在完善中。未来我国高校会计类专业创新教育的发展路径，需要在以下几个方面展开。

（一）完善教学实践体系建设

改革开放以来，我国经济出现持续高速增长态势，GDP 增速达到两位数的增长点。经济的增长必然会带动数以百万计的就业岗位产生，也会增加对财务会计类人才的需求，但同时，也对财务会计类专业毕业生提出了更高的要求。因此，实践教学是理论联系实际的一个不可或缺重要环节，高校应该完善会计专业实践教学体系建设。在重视专业理论教学的同时，不能忽视实践教学的重要性，合理安排实践教学和理论教学课程和课时，有针对性、实效性地完善实践课程教学规范；提升会计专业实训室利用率，完善实训室设施设备；会计专业学生就业受政策性影响较强，因此，应该加强对经管学生政策法规的培训；实验室的建设应该注重加强计算机、专业软件、ERP 沙盘等方法培训，把理论知识与现实仿真相结合。其次，学生在学校期间，学校应该加强与政企之间的实训合作机会，推进学生在工商、银行、税务等行业进行实习，大大提高学生们的实际运用能力，为我国经济的发展提供必要的人才保障。

（二）完善财务会计类专业创新教育课程分类

按照高校会计类专业创新教育的现状，可在传统财务会计类专业教学中加入创新精神教育（理论层面）和创新技能教育（实践层面）。

1. 财务会计类专业创新精神教育课程

本类课程是对传统财务会计类专业课程的延续与创新，旨在进一步深化学生对财务会计类专业知识的认识和理解，促进学生对创新理论知识的认知和对创业意识的培养。在学科中设置了必修课和选修课，将创新思维、创新管理、金融思维等课程作为传统金融课程的延展，设置为学生的必修课，加入课堂教育中，使得财务会计类专业学生对学科建设的发展和前沿有基本了解，同时也对自己专业未来有客观而理性的认识。另外，为了培养学生的综合能力，可将战略管理类课程、金融类课程、会计类课程、市场营销类课程

等作为财务会计类专业的选修课程,普及财务会计类学生应该了解的综合类课程知识,有利于高校培养优秀的综合性人才。

2.财务会计类专业创新技能教育

本类课程是针对理论课程专门设置的实践性课程,旨在通过情景模拟、实地参观、寒暑期实习、专题讲座等形式进行交流及实践,使得学生综合发展,让学生体验接近现实的会计管理过程,培养学生创业意识,激发学生运用理论解决实际问题的能力。另外,各大高校应该大量组织学生下基层学习,通过带领学生参观企业或实习,建立创新创业基地、网络平台等方式,引导学生在实践中体验、学习创新创业技能。

(三)完善壮大财务会计类专业人才队伍

对高校发展产生重大影响的主体之一为专业教师,高校会计类专业教师是发展理论研究的重要基础,是促进高校会计类专业创新课程的重要资源。为了有序开展创新理论课程,完善社会实践内容,各大高校应该不断完善壮大财务会计类专业创新人才队伍。一方面,要求各大高校出台相关政策文件鼓励教师进修,旨在提高教师的教学理论水平,为进一步提高专业教学质量作出努力。另一方面,不定期邀请国内外知名高校会计类专业创新教育的专家学者等,与本校师生进行交流、开办讲座,为学生提供更为开阔的视野。

面对教育崭新的发展时期,高校会计类专业本科教学中的很多问题也不断凸显出来,面对新的发展环境,高校要顺应时代发展模式,发挥其在专业人才及综合类人才培养方面的积极作用,为高校会计类专业的进步和相关专业的发展提供更多具有较高素质的人才。

第二节 高校会计专业实验教学的改革创新

随着经济全球化和科技迅猛发展,知识更迭速度加快,财务会计类专业人才对我国经济建设与发展具有重要的作用和价值。目前,现代教育逐渐向着多元化的方向发展,社会对财务会计类专业人才需求的类型更加丰富,质量也不断攀升,人才之间的竞争越来越激烈。针对当前我国财务会计类专业实践教学发展、实践教学中存在的普遍问题及教学环节中存在的薄弱环节,如何培养国家和社会需要的会计管理高级人才,如何深化财务会计类专业教学实践改革创新,如何加大财务会计类专业教学实践设施设备建设力度,如何提高教学实践效率,完善实践教学管理评价体系等问题都是当代高校必须着力解决的。想要加强经管教学改革与创新力度,全面培养提升新时期财务会计类专业学生综合素养和应用能力，需要从多个维度、多方面加强实践教学改革力度，这对于会计专业实验教学人才培养具有重要借鉴意义。

一、当前会计专业实验教学存在问题

（一）实践教学体质机制建立重视不足

当前，高校会计类专业教学课程设置主要分为理论教学与实践教学两大类，但长期以来，人们普遍认为理论教学居于主体地位，实践教学往往成为理论教学的补充，因此实践教学在学时设置、硬件设施、教师队伍等都占比越来越低。

另外，实践教学需要投入更多的人力、物力、财力，需要既要懂专业知识又有实践经验的老师团队，需要建立好校内校外的对接实践平台及具备高科技水平的实验室，这些实行起来都要比理论教学难度更大，这也是我国高校在财务会计类专业实践课程上发展不足的重要原因之一。

21世纪的今天，财务会计类专业人才逐渐趋向于实用型创新型人才发展，这对于高校会计专业实践教学提出了更高的要求。长此以往，实践教学机制得不到重视，财务会计类专业实践教学课程不能满足当前社会市场财务会计类专业人才的需求。综合来看，实践教学手段改革势在必行。

（二）实践教学机制单一、内容陈旧

虽然国家一直鼓励高校实验教学改革工作全面发展，财务会计类专业也经历了多年的实践教学改革，并取得了一些成绩。例如，教学实践建设投资力度不断加大，在实践教学的内容、教学方法、课程设置等方面进行了一系列的改革与创新。但是就其实质效果而言，并没有从根本上发挥实践教学的优势。实践教学手段及培养模式仍然较为单一粗放、管理过于死板，严重影响了高校学生的创造性和发散思维能力培养。实践教学机制的良好运行需要各方力量共同作用，只有政府职能部门、企业、高校、教师和学生共同努力，才能促使会计专业实践教学机制成为一套较为先进的可持续健康发展的体系。

（三）实践教学目标不明确

当前在会计专业实践教学过程中，很多教师提前设置好了相关实验内容、实验步骤及实验报告格式，教师大多通过机械性的实验演示的方法进行灌注式教学；使得每一步实验过程都在教师的教学大纲设置内，课后学生的实验报告大都千篇一律，实践教学机制运行机械化，学生并未能通过实验过程发现知识遗漏、改正问题及不能充分给予学生实践探索创新的过程，进而造成

培育目标不明确、不清晰，完成实践课程主要是为了获得学分，使得实践教学成为形式化。

（四）教学设施投入不足

经过调查研究走访发现，多数高校会计类专业在实验室建设方面缺乏科学性与实践性判断，课程设置与社会需求相脱节。由于财务会计类专业一般受到政策性影响较强，因此在课程设置上，实践课程每年应该在教材上做相应的增减和变动。但是，现状并非如此，经常是在实验教学课程当中，实践教学教材跟不上形势政策的变化，许多教材比较老旧、漏洞多。由于实验室设施设备更新慢、投入不足，使得一些实验课程不能满足社会的变化。对于要求较高的、创新型、综合性强的实验相对较难开展。

二、财务会计类专业实践教学体系运行机制建议

（一）加强实践教学体系运行领导机制

推行高校会计管理教学实验模式的改革与创新，首先，就是要对传统的教育教学思想进行转变，要加强政府等有关部门和学校领导层对实践教学的重视度。其次，必须要建立健全领导引领机制，从实践教学的决策规划开始，到实践教学的实施、反馈和调整阶段多个环节都要有具体的负责人，正确看待会计专业理论教学和实践教学比重，充分认识实践教学在推动会计专业教育教学改革创新发展、突出学校办学特点以及在培养学生创新和应用型人才方面的重大意义。因此，领导力是实践教育教学体系不可忽视的因素之一。

（二）建立实践教学体系运行多赢机制

在经济快速发展的今天，要培养出具有国际化视野、符合日新月异市场需求变化、有较强适应能力的复合型会计专业人才，不仅需要政府、企业、学校着眼于教学实验的专业化建设和校企的深层次合作，还须建立一个实现各方利益的多赢机制来保证实践教学体系的高效运行。

建立政府、企业、高校人才培养模式是以市场为需求，以政策为导向，产—学—研相结合的培养模式。是集高校—企业—政府机构共同参与的人才培养全过程，这也是一种理想的人才培养模式。对于培养学生的实践能力、道德思想修养、学生的自主创新、动手能力有重要的价值。政府可以通过政策的倾斜、融资的优惠方式等引导企业积极参与到地方高校教学实践的建设过程当中，为高校提供一个实践教学的有力平台。学校要加快校外实践教学基地建设的步伐。一方面要加强学校相关负责机构的组织协调和管理能力，

联合校外大企业建设一批有层次、有质量、相对稳定的教学实验基地，丰富实践教学内容。此外，积极聘请校外行业专家和专业技术人员对实践教学环节进行指导。高校也应该重视与企业的深层次合作，根据企业的需求培养高技术、综合性的会计专业人才，为企业的人才储备做好服务。企业为高校建立良好的实践教学平台，提供必要的硬件设施设备。这样政府—企业—学校在共同合作、互利互惠的过程中不断拓展和完善实验教学基地建设新路径。

（三）全面加强实践教学师资队伍建设

对现有的会计专业实践教学教师队伍进行专业化培训，一方面引进企事业单位专家学者对其指导，并实行严格的教师考核机制，提高实践教学师资队伍水平。另一方面，在实践教学过程中，教师更应该注重营造良好的实践教学氛围，通过引导学生参与各类创业大赛、创办公司等实践活动加强与学生的互动，调动学生的学习积极性，激发学生的自主创新能力，充分挖掘学生学习的潜力，使得传统的教学理论与现代实践教学有机结合。

高校会计专业实践教学创新与改革是一项相对复杂的工程，实践教学环节是会计专业一个必不可少的重要环节，它有助于提升学生的专业素养。过去我们对于会计专业实践教学环节重视不够，导致实践教学手法滞后、管理机制体制不完善，使得教学过程中存在许多弊端。会计专业教学实践改革的措施并不仅仅局限于以上提出的几点，在今后实际的改革创新过程中，我们还应该尊重时代发展的必然趋势，对会计专业管理体制机制加以完善，提升会计专业实验教学基地的资源利用率。对此，我们应该积极地去面对问题，解决问题，并结合高校自身发展需求，立足于当前实际进行改革，加强学生思维能力、创新能力以及实践动手能力，进而培养出符合当今社会要求的会计管理人才。

第三节 高校会计专业教学——科研互动机制

一、高校会计专业教学——科研互动机制的现状与问题

随着高校师生文化素质普遍提高，他们对教学与科研互动都有着较高的认可度，认为教学科研互动在理论上具有普遍现实的意义，但从实际情况来看，由于法律法规的不健全、高校教育水平的差距等因素，教学科研互动并没有得到充分应用，实践中教学与科研依然沿着不同方向发展。本节从"科研与教学互动"认识偏差、现行教育体制的局限性、教师自身利益获得上的

冲突、教师时间和精力上的冲突等四个方面进行分析。

（一）"科研与教学互动"认识偏差

在我国各个高校对科研与教学互动有着较高的认可度，但真正将教学科研相结合的高校寥寥无几。在理论中，科研与教学互动得到普遍重视，但在实践中，常会出现"重教学轻科研"或者"重科研轻教学"的现实问题，这由各个高校对"科研与教学互动"认识的不同造成，同时形成了教育中的重大误区。受经济、教育体制等多种因素的影响，高校往往将教学当作立身之本，将培养优秀学生，使之成为未来栋梁之材作为学校发展的中心任务，这个过程中忽视了高校科研能力的提升，导致教师科研水平下降，学校承担重大科研项目的机会减少，同样也不利于高校可持续发展。另外，由于国家政策对科研做出一系列要求，如将科研成果作为评价一所高校综合实力的一个重要标准，科研问题也受到了高校普遍重视，高校出台不同领域的奖励制度和措施，鼓励广大教师投入科研事业，受到利益驱使，教师纷纷投入科研，在教学中投入的时间就会减少，导致教学水平下降，影响整个正常的教学。所以，在大学里面，科研与教学都必不可少，需要高校老师对其有一个正确的认识，不能将科研和教学的关系绝对化。

（二）现行教育体制的局限性

由于高校内对教学与科研互动认识的偏差，导致教学与科研脱节。一方面是现行教育体制的问题，导致教学和科研的互动难以实现，严重阻碍教学和科研的互动。在现行教育体制下，狠抓教学的高校更加注重教学成果，把教学任务当作自身的发展之本，过分强调老师的教学能力，要求老师在课程中与学生互动，重在提高学生的学习兴趣和水平，不重视科研工作，导致学校无科研成果，影响学校的发展前景。另一方面，有的学校奉行"科研至上"对教师的科研成果进行表彰推广，将其研究课题、出版著作、发表论文多少等当作教师优秀与否的重要指标，同时也影响着教师专业技术职务晋升情况。总之，现行的教育体制并没有对教学与科研的互动产生积极的影响，反而造成了教学和科研相分离的状态，使得教学和科研互动成为高校会计专业发展的难题之一。

（三）教师自身利益获得上的冲突

从高校教师自身利益来看，他们更重视科研成果，获得大型科研项目、科研经费、项目活动经费。一方面，高校政策偏向于科研成果，科研成果与职称评审、获得学位等问题有着直接的联系，为了最大限度追求多方面的利益,教师会将更多精力放在科研上,而忽视教学的重要性。另一方面,教学和科研的互动将会使高校的经费和人员分配、教师升迁、职称评定和终身职位及荣誉的获得等方面失去平衡,使得教师在教学和科研上产生双重压力,既不能满足教师在学术上的要求,又不利于高校教学的全面发展。

(四)教师时间和精力上的冲突

教学和科研的互动是比单独进行教学或者科研更加艰辛有难度的活动,意味着高校教师需要具备更高的理论和教学水平,才能担负起两种完全不同方向和性质的工作内容。而国内高校大多数教师都不能平衡这两者的关系,并不能较好地分配教学与科研的时间,导致教学与科研的脱节。教师的时间和精力是有限的,一旦投入教学工作中,科研就很难出成果,而当所有精力和时间都投在科研中,教学质量肯定会受到影响。特别是在科研工作处于关键的能出成果的时候,教师会将所有精力和时间投入科研中,时间精力倾向性极强,造成教师需要停课来完成科研工作,干扰了正常教学秩序。

二、会计管理专业中教学与科研互动的对策分析

(一)重新认识教学与科研的关系

教育与科研是可以相辅相成的,并不存在不可调和的矛盾。在过去的认识中,认识的偏差处在高校的政策和教师的教学理念中。尤其是会计专业,对管理科学和经济科学方面等专业知识的要求很高,需要系统地掌握其基本理论,对科研有着不可或缺的重要性,可以将会计管理的直接结果转换为具体的经济效益,需要将教育与科研有机结合。在实际教学中,会计管理专业的课程偏重于理论教育,忽视了教学中的实践部分,但是在实践中学习是提高教学质量的重要途径,教与学是两个可互动并产生良好反响的教学过程,所以要重新认识教学与科研的关系,重视教学与科研的互动。

(二)重视培养学生潜在创造能力和创新思维

在现代高校教育中,学生是未来实践与科研的主体,如果依然采用刻板的、传统的、填鸭式的教学方式将会严重打击学生的学习兴趣与热情,教学方式要注重灵活和互动,将教学工作与科研相结合,要培养学生会计管理的能力,同时挖掘其潜在的创新思维。在学校的课程教学中,应该在实践活动的基础上,进行科研训练,应该强调科研训练的过程,通过严谨的教学模式,改善学生对会计管理的观念,对现代会计管理产生新的认识。对学生来说,在科研实践中,养成独立思考、积极探索的习惯,对其重新定义和认知会计

管理课程有着重要意义。

（三）重视大学教师在教学和科研中的激励作用

高校中最重要的主体是教师与学生，教师在教学中扮演的角色是教书育人，是文化知识的传播者，在整个教学过程中起到关键性的作用。为了使教师以更好的状态向学生传授知识，更好地从事科学研究工作，各个学校应该根据自身不同的实际情况制定鼓励激励政策，并给予经济上的支持，使得老师能在各种激励机制的保障下充分发挥教学和科研两方面的积极性，既能以百分之百的热情去教书育人，又能在自身领域做好科研项目，作出科研成果。

（四）重视高校教师与学生的交流和互动

随着时代的进步和经济的发展，高校之间的交流学习日益频繁，各个高校的老师与学生都通过各种渠道进行互动学习。21世纪，随着文化交流更加密切，会计管理专业教育也日益重要，同时也面临着新的挑战。如果片面地注重高校老师的教学和科研成果，只埋头苦干，是片面的；如果片面追求学生的学习和实践，而忽视了学习过程中的发展性和延展性，将严重阻碍高校会计专业的发展，也将阻碍学校的进步。总之，随着高校教学理念的扩展，高校教师与学生的交流和互动成为联系高校两大主体的关键因素，通过重视学生与老师交流互动，进一步挖掘会计管理专业教学与科研机制的内涵，促进高校会计专业教学与科研的融合。教学不但不会影响科研，还会对科研有促进作用。教师重视科研成果，为了进一步增强科研的实践性，将其带入教学中，使得学生了解科研项目，激发学生的创造激情，使学生在课堂或者实践中充分发挥思维的创造性。这一过程既是对教学与科研互动的肯定，更调动了学生的学习积极性，教师通过与学生的交流互动找到新的研究方向、新的课题，得到的是事半功倍的效果。

（五）国家应加强对教学与科研互动的政策制定

为了进一步促进高校中教学与科研的互动，国家应加强相关政策的制定。由于科研与教学互动还处于理论阶段，各大高校还没有进入实施阶段，目前国家对于教学与科研互动并没有高度重视，导致相关政策法规还处于空白状态。随着国与国之间综合国力的较量激烈，会计管理在竞争中的地位也日益重要，在国家政治政策导向的作用下，会计管理应该成为高校学科中的重要实践专业，为我国经济建设和社会发展作出积极的贡献。在国家出台相关科研方面的政策法规后，科研工作成为高校教师争先谋划思考的工作，力求多出科研项目，呈现更多科研成果，而高校也会因科研项目和科研成果的增多得到更好的声誉，得到更多优质生源，从而实现学校的可持续发展。在会计专业中，加强对教学与科研互动政策的制定，在科研项目和科研成果增加的基础上，加强与教学的互动，使学生在学习理论知识的同时能有更高的站位，有利于进一步提高科研成果的数量与质量。

三、会计管理专业中教学与科研互动的思考

一是通过科研创新促进教学发展，重在提高教学质量。科研是促进高校教师在自己知识范畴内不断发现新知识、在原有知识的基础上创造知识的一种活动，科研的目的是为了在社会生活中更好地应用知识、结构知识。教学是高校教师与学生之间的互动过程，此过程中，教师充当知识传授者，在理解知识的基础上进行知识传授，学生充当知识的理解和应用者，在接收到知识的基础上进行理解并应用到生活学习中。科研和教学是将教师与学生联系起来的纽带，两者的关系代表对知识的创造、转换与应用的全过程，而科研创新是为了促进教学发展，促进教学质量的提升。从会计管理专业的角度分析，教学是对经济学理论的解构和应用，根本是知识的再创造过程，可见会计管理专业的科学研究水平对教学质量和水平的提高会起到关键性的作用。

二是通过教学带动科研创新，为科研创新提供基础和动力。在高校中，科研创新并不是凭空出现的，而是通过对各种专业知识的深入学习和广泛探讨，产生研究方向、研究点位，最终形成专业研究课题。在研究课题的基础上进行深入研究，同时也需要社会实践及知识的整合，此时，教学工作则能够为科研创新提供基础性的资料和研究的动力。一旦将研究课题带入教学过程中，课题问题及内容将成为课堂中学生们探讨的问题，即为课堂实践中的问题，将原本枯燥乏味的课题研究变成生动有趣的实践课程，所以教学与科研是相辅相成的关系，不应该变成孤立的两种状态。在各大高校中，教学工作有助于科研知识的系统化、学科体系的建设，同时科研的系统化建设将反馈教学，进行实践检验，最终形成良性循环，促进高校会计专业的可持续发展和进步。

总之，科研与教学作为学校教育中的重要职能，其长期互动是未来各大高校的发展趋势，相辅相成、缺一不可。面对彼此之间的激烈竞争，各大高校在科研、创新等方面都作出积极的努力，教学与科研的协调发展成为各大高校的理想追求。在高校会计专业中，为了促进教学与科研的协调发展，要有较高的站位，以发展的眼光看待二者的关系，研究二者的利弊，积极探索其协调发展的方向，并将这种认识落实于教学科研工作中，促进教学科研互动机制的形成，促进高校会计专业的可持续发展和创新。

第四章 会计教学改革的资源支持研究

第一节 政策资源与会计课程教学的整合

一、政策响应

教学繁荣受讯息科技的关键性影响,"互联网+教育"已然理面走来。我们要坚定体系体制和科学创造双轮推动,使用策略工具,鼓励它的进展,使其自觉推动和顺应练习的变革、教学的演变。

(一)共建共享国家数字化教育资源中心,促进资源形态的变迁,实现数字学习

当前,《构建利用信息化手段扩大优质教育资源覆盖面有效机制的实施方案》正被教育部等五单位实施。这是有用的措施用来提升教学品质以及使学校、区域、城乡间差别变小。坚定创造体系机制,多类型、多层次、多来源资料被研发、组合及整改,达到共享共建是高功率、高品质的国家数据化教学资料中心被设立的大致思维;同时应提倡社会职责,达到优秀教学资料,如名师名校向国家数据化教学资料中心开通的目标;共享共建的奖励体系应该被设立,推动分享资料;要充足把云技术及其所带来的团结方式运用起来,保障资料与数字的高稳当性、高使用性;面对学生的优秀教学资料要被加快研发,既能教师使用又能学生运用资料中心;要统一准则、完备舞台,把信息孤岛问题与资料库切割处理,供应科技支持为开通服务和共享共建。可参照北京数据学校等体验,在基本教学过程实行"优秀数据教学资料完全笼盖活动谋划",在原有工作前提下,运用更给力的措施,"一个老师即一个优秀的课程、一个老师可以有多个优秀课程""讲授一节课运用一名优秀老师、一节优秀的课程多名优秀的老师",进一步把全国基本教学尤其是九年义务教育最优秀的教学资料组合、聚集,使优秀教学资料在全国尤其是贫穷区域和广

阔农村及薄弱学校分享、共用的笼罩面增大。

（二）建设全国高质量数字化学习支持服务示范区，促进教学形态的变迁，实现混合学习

古老教育姿态、学习姿态正在被在线教学诱发下产生根基性变革，教育形态、教学观念甚至教育体制的完全调节与改进正被变化的教育管理模式、学生练习方法、知识讲授模板所诱发。单纯的教学科技化不是教学讯息化，在线教学人才训练品质提升的重点是真正深层次相融的教育教学与讯息科技。这既需求先进的优质的学习支撑项目，同时需求先进的数据化教学资料科目。建立全国优品质数据化学习支撑服务演示区，充足使用数据化练习环境，它具备牢靠的性能且包容移动与网络科技，当代讯息科技建立技能完全的特点，强化搜索、踏实测试小组探讨、个体练习与导学助学相融合，线下教学与线上教学相融合的混杂式教学状态，真实把教学教育与讯息科技的深层次结合起来，将支持"以教为主"的古老教学方式转变为"以学为主"的新型教学方式，带头促进把学习者当作核心的人才训练方式的变革，带头促进优品质的互动式、数据化、个体化、多元化的练习。科技进展新形势对教学的方法（怎么学）与教学的方向（学什么）将形成巨大影响。推动练习方法与练习内容的转变晋级。想象力、创新力与想象力的训练会更进一步被教育所看重而不是锻炼记忆力。伴着不断发展的增强现实（AR）技术/虚拟现实（VR）及连续降低的对应资料制造成本，沉浸式学习（Immersive Learning）将会不仅出现在实验室，还会在成千上万的课堂与学校出现，甚至在不远的将来常态化，进而为学习者供应一个虚构的却无比真实的学习氛围，让学习者能够凭借互动经历与高度参加的方式提高能力与学习成效，了解知识以及增加教学效率。"互联网+教育"的聚合效应、乘数效应、叠加效应是凭借高度结合的教学教育与讯息科技所产生的，它也恰恰是教学讯息化的远大前程。

（三）建立不同学习成果积累认证转换制度

促使社会和学校姿态变革，达成教学与练习的制定，建设练习型社会。长久以来，我们期盼可以通过我们的教学体制建设训练人才的"立交桥"，让学习者有许多筛选机遇，使青少年有更多机遇成长，表现教育体制灵巧开通，也将供给宽大氛围实行全部素养教学。党的十八届五中全会规定，开通继续教育、终身学习路径，创建个人练习账号与学分累加轨制。这包含探求创建网络学习学分变换与学分断定等规章。学分古来就有，但要求更深层次落实学分作为基础教学单元的学分制处理轨制策划。有了这种的轨制策划，方便促使各阶级各种教学纵向连接、横向交流，推动正规教学与非正规教学、学

历教学与非学历教学、线上教学与线下教学的相互融合，达到"跨界学习"；有了这种的轨制策划，教学能够"量身定制"，练习将变为"学习超市"，学校也突破了围墙限定。有了这种的轨制策划，创建了个体练习账户和练习结果累加、验证、变换轨制，拟订国家资格模式、练习结果模式及规范体制，学习者能够弹性学习，有利于选课走班及选课走校，即个体化、普遍化、终身化、人性化的丰盛活跃生机的教学制度。

（四）运用大数据技术，建立教育管理公共服务平台与决策服务系统

推动教学组织信息化，促使教学科学决断与组织。迅速增加数据被相互结合的经济社会与信息科技所诱发，且它已变成国家根本性策略能源，全世界消费、分配、流通、生产活动以及国家管理技能、经济运营体系和社会生活模式正被大数据逐渐的影响。全世界范畴内，一种新的形势正在形成，即使用大数据促进完备社会管理、经济繁荣、政府监督和服务技能被提升，在我国完全实行推动大数据进展活动也被确切提议。在教学层面，大数据应用能够变成新方式使政府教学管理技能提高，并且可以把古板科技模式很难表现的连接关系揭露出来。能够供应有用的方式处置烦琐教学问题的是推动教学工作资料组合与数据结合以及促进分享开通教学数据。创建一切依靠数据如决断、治理、创造、说话的组织体系，它实现的前提是数据的合理性决断，从而促进政府教学管理方式与观念的前进。促进教学基本数据的全国分享开通与随同时采集，使教学治理公共办事平台完备。要想达到学生学籍档案能够纵向贯穿在不同教学进程，就需要创建终身电子学籍档案，学生基础数据库以及进程适龄入学人口基本数据库，促进全网联通、全国覆盖、共同服务的教学资料云服务体制的产生。当前，我国三大基本教学数据库如学校办学条件数据库、教师数据库、学生数据库等顺利创建发展，并创建教学合理决断支撑服务体系，在此前提下提高教学品质、推动教学公正、改革教学模式的大数据管理支持作用将被发扬。

（五）发挥制度优势，运用市场机制，统筹、协调，深入推进教育信息化

只有学校、社会、政府共同奋斗以及其踊跃性被调度，才能推动教学信息化。以目前我国正在推动创建的开放大学为例，就要求通过恰当运用市场体制及把制度优点充分发扬的方式增强国内高水准大学与开放大学亲密协作。高水准专家队伍是由远程教学技能范畴、企业行业、科研机构以及高等院校一同所构成的，他们踊跃参加和支撑开放大学变革和创建是开放大学建好的关键。把持"大学的使命在于分享知识"的观念，高水准教授学者以及高水

准大学应自觉承担创建国家优秀数据化教学资料。由于我国高水准大学是由国家公共财政支撑创建的公立高校，有责任让优秀教学资料使大部分学习者受益，我们社会主义国家聚集力量办大事的轨制优点应该被充足使用来管理创建国家高品质数据化教学资料。因此，需要有对应的限制性准则，如每年每所"211工程"高校、"985工程"院校供应必需数目的优品质数据课目。同时，要合理运用市场体系，为资料供应者提供物质奖励与精神奖励，从而产生数据库资料连续改进的可连续进展体系。实质上，在教学信息化形势中开放大学已然走到了普通高校的前面，在课程上网、支撑服务、技术运用、体系办学、平台创建等方面具有自己的优点，两者能够取长补短，互相进步以及更深层次的协作。要探求新型教学服务提供模式。激励学校凭借和互联网公司协作等模式，把线下线上教学资料对应，探求教学公共项目供应新模式。社会教学单位与互联网公司依据市场需要供应网络化教学服务，研发数据教学资料。激励学校运用教学服务舞台及数据教学资料，拓展高品质教学资料笼罩面，逐渐探求网络化教学新方法，推动教学公正。增快促进改革高等教育服务方式，推行大范围在线开启科目等网络练习方式，促进外享学历教学在线课程资料。要想打穿信息科技设备的"最后一公里"，在创建准则规章处理信息孤岛问题与切割资料库上，要求更深层次增大政府参与政府领导功能被发扬。

关于讨论"互联网+教育"的话题，还包含在普遍学习时代的碎片化学习中怎样实行深层次的练习，怎样采用非结构化数据处置技巧实施教育品质综合评定，怎样从信息时代的海量信息中寻找出最具备价值的知识，怎样在自媒体时代发扬中心价值与实施道德教育等。

二、新会计准则对会计教学方法的影响

现阶段，对于会计教学和会计从业人员的主要政策是使我国会计职业发生了巨大变化以及重大改革了我国公司会计轨制出现的新会计原则。会计人员守旧的思想习性被打破，它完全纳入了公平价格的测量特性，使会计测量问题得以用整体、融合规则典范。同时，它对会计职员提出了新的需求，它需要会计职员具备更好的职场决断技能，并大力训练会计职员这方面的技能。新会计原则变革项目与新的需求，对现在会计学教育方式一定会形成巨大的反响，因此变换会计学教育方式，提升教育品质与特效以及学生的社会竞赛学从而与新会计原则的需求相符合。

（一）对会计专业老师的影响

第一，颁发与实行的新会计原则对会计专科教师的教育方式提出了更高水准的需求。要求专科老师及时更新会计教育观念，着重教育过程的实习，更改教育方式，指导学生单独创造和自我学习的才能，使学生们自由发展，提升学生处理实际问题的技能。在会计专科老师教育的经历中，为了达到实习与教育的目标，需要连续改良自己的教育方式。会计教师之所以认为新会计原则运用到实践教育中是很难实现的目标，是因为新会计原则难度大、概念新、内容丰富。这就要求会计专科教师在教育方式取得进步，运用多类教学方式与教学途径，使原本单调的教育模式得以更改，使学生们变为课堂上的主人，把学生们学习激情与兴趣充分调动起来，让学生们讨厌会计知识的心理得以减轻，相对于艰涩不懂的会计专科知识，老师们根据各类新的教育方式，为学生建立一个可以使自我得以发展舞台。依据新会计准则的内容：讲究以原则为依据，允许会计人员根据自己的职业判断进行处理，渐渐引导学生形成自己的职业判断。

（二）对学生动手能力的影响

会计人员只能凭借长时间的实习才能获取合格的职场决断才能，但是学生的实习技能在当前的会计专科教育经历中得不到训练，是因为教育着重讲授理论知识。再者，学生很难把在会计专科练习经历中脱轨的会计电算化与手工模拟实习结合在一起。此外，学生们的会计实践实习中不能学到真正知识，是因为过于表现形式，真正的会计实践知识难以被学生学到，因此实习不能取得预期的效果。假如继续依赖从前古板的会计教育模式学生们基本不能培养出职场决断的技能，那么也难以提高自己的职场应付技能，因此难以与新会计原则要求的会计人员职场决断技能相符合。针对这种情况，会计专科教师要为学生们建立一个民主协调的教育环境，把学生们的自主性充外调动出来，扩宽思想，把实践与理论相融合，学以致用，帮助学生将课上所学运用在日常生活中，训练学生的动手动脑能力。

（三）对学生专业素养的培养

会计人员具备职场决断技能是新会计原则的准则，在会计专科教育经历中这点也被需要，同时会计人员的行业思想与专科素质也需要被看重。所谓会计行业思想，即会计行业关联的行业活动规定与原则。凭借在会计职场行为中运用各类利益关系手腕来保持经济利益联系、保障经济秩序。但是就目前会计专科教师教育的经历及教育的状况，并不看重培训学生专科素质。所以，教育工作者们应该把原本的传输式的教育方式转变为多样化的创造性教育方式，训练学生们形成自觉练习的才能与认知，指引学生们建立准确的价值观、人生观和世界观，推动每个人全方位多层面的进展，注重学生们的天性，把他们变为实际性创造人才。在训练专科素养时，也要激励学生的不同思想，训练创造精神，使之与新会计原则对会计职员的需求相符合。

三、新会计准则下教学方法改进对策

（一）树立学生的职业判断意识

会计教育的任务是把会计学生训练成一个会计专业人才，具备充足会计学问和操纵技能以及具有优良的职业素养。按此需求，一旦学生触碰会计专科学问就应当着重建立学生的职场决断认识，并使会计练习知识的经过连接学生的职场决断认识的训练。所以，会计专科老师需帮助学生了解会计未来的进展形势，使学生弄清楚会计职场决断带来的有利帮助。随着市场环境的变化，会计轨制一定会伴着变化的市场氛围从"一包到底"的情况向供应证实、测量会计元素标准方向进展，重视融合、排挤决断理念也必然会进行变革。

（二）改进教学方法

牢固的会计专科知识是建设学生职场决断技能的前提，所以应使专科学问内容变得充足。充足专科学问内容过程中更应着重训练学生综合素养与全盘才能，引导准则为宽口径、厚基础，连续完备课程系统配置。宽口径指除了会计专科课程，还应该讲授金融、经济、管理等课程，拓宽学生的眼界，使学生实践处置会计事务的技能提高。厚基础是指调节课程配置量以及课程间的重要性，使基础科目配置受到重视，让学生获取更多训练与培训解析问题与逻辑思想技能的机遇。变革古板单纯灌输式教育，多采用问题教学和引领式教学，促使学生思想进展以及提高创造才能与实践处理问题。

（三）重视实践教学环节

会计人员提升和稳固职场决断才能需要处置许多会计事务。会计教育要提升学生的职场决断技能，而老师采用的教育方式务必能使学生获取大量的机遇。所以，第一要变革会计模仿练习中的会计文档资源，根据会计工作岗位模仿事务场景更改练习方法。老师能够在分阶段、分章节实行测验和技能考试的前提下，使学生出演会计单位中的岗位。通过岗位出演的方法加强学生认知岗位的程度，扩宽学生练习路径，使他们练习机遇增加。学校可凭借和公司合作的方法让学生走进公司实践，使学生在运动的实习、学习经历中，

提升感性认知理念内容。激励学生实施假期社会调研，知晓单位、职业会计计算的大致状况。

（四）重视专业素质教育

要注重学生的专科素养教育，特别是学生的工作思想和法律教学。专业知识是行业决断的必须前提，行业思想素养与法律保证学生产生职场决断力。会计人员要想遵循会计原则去审阅、确定和计算会计元素以及供应确切、实在的会计讯息，就必须形成优秀的专科素养。让学生知晓目前经济不单是市场经济，也是思想与信誉经济，更是法律经济，在会计教育中以及行业道德对会计人格的产生和最后会计人的产生具有重要意义。

第二节 工具资源与会计课程教学的整合

传统授课方式在现代会计专业课程教学中存在诸多局限和不足，针对这种情况，随着多媒体技术的发展，多媒体教学工具被广泛运用于课程的辅助教学。而在会计专业的学习中，沙盘模拟也是现代常用方法之一。此外，网络的不断发展，一些有利于会计学习的网站和软件也悄然兴起。实践表明，合理使用多媒体教学，能够大幅提高教学效果。

一、多媒体在会计专业课程教学中的运用

（一）优势分析

（1）教育项目可以被多媒体形象生动地表现出来，从而使会计学问内部的思维性表露出来，表述会计知识更加容易，有利于学生的领悟，吸引学生的注意力，给学生留下更深切的观后印象。除此，教师精心设计出的优质教育课件能够把抽象变得具体，烦琐地变得通俗易懂，深入浅出，使课程变得通俗易懂。

（2）承担的会计专科科目讯息可表现多元化和处置方法的多元化。多媒体可以传输和处置与多媒体讯息，如活动图像、图形、动画、文本、声音等有关的内容，并且可以把这些因素全部聚集而产生融合协作、合理配合的教育资料，同时老师也能依据教育需求调节教育项目。

（3）教育讯息以超文本格式所管理的可以为学生供应多种灵巧的认识路径。对学生的练习与老师的教育活动可以供给优秀的指引；并且师生能够运用多媒体体系简洁地与网络联通，从而从壮阔如海的资源平台获得关联

的知识。

（4）多媒体是非常好的协助用品，它可以用来展览与讲授会计案例，比古老的教育方式更加具备简练、方便的优点。得益于多媒体中的声音、动画等因素能够非常直接、灵活讲授会计案。

（5）形成虚拟教育的前提是产生了多媒体。虚拟教育、虚拟图书馆等都要求多媒体教育资料支持，财政专科学生的练习可以受益于不同于实际课堂的虚拟教育，它对学生的自习非常有帮助，是课上教育外的其他教育姿态。

（6）可以供给友善的互动页面，让学生能够踊跃参加认识经过，把学生自主地位表现出来，使学生的练习激情被激发，是一种全盘的自主式、双方的互动，这种互动讲授课程十分有帮助。

（7）能够让学生拓展，获取练习材料的途径以及供应充足的教育资料给老师，具备复印性与分享性的多媒体材料可以传送与分享优质的教育材料。

（二）提高多媒体教学质量的方法

当代教育的主要协助工具器材是多媒体，但是这种协助器械如果被教育工作者不恰当地运用，则会对教学质量产生恶劣的影响，形成不好的教育结果，教师在讲授会计专业活动中使用多媒体器械应运用合适的教育方式方法，选用一些计策，攻克多媒体器械在教育中的不足，发扬其优点，依据会计专科的实践体验归纳，一般有下面几个层次的政策或方式：

（1）把学生的自觉性表现出来，与学生的互动增强。学生与老师之间的沟通可以通过多媒体讲授来推动，但是某些老师仅是一直坐在讲台上低头通读多媒体器械，只是将其当作打印出来的课件，和学生几近没有眼神或语言上的沟通，所以极多数学生听着无丝毫兴趣，百无聊赖。老师应当把学生的自觉性在教育过程中充分表现出来，使学生在讲堂上化身为活跃分子，这就是所说的一唱一和，教与学互相配合，而不应出现单方向地向学生传输知识的情况。

（2）充足地把老师的言谈举止表现出来。老师应该声情并茂地使用多媒体教授。然而某些老师运用PPT讲课时，面色淡然，放映PPT课件如同一个机器人一样整堂课都在讲台安静地坐着，引不起学生的丝毫兴趣。老师在授课中不能全部依靠PPT课件，它只是一个协助器械，老师需要用充足的肢体语言、充实的激情，全方位使听课者的听力和视力神经调动起来。

（3）不能使用和教学内容与任务不符合的课件。不能把课件的外在美丽当作目标，虽然偶尔能够让学生拍手称赞，耳目一新，但仅使学生视力上受到了冲击，不能实现预期的教育目的，和教育项目有天壤之别。

（4）增强训练学生逻辑思想、笼统能力。因为多媒体能够让人简单领悟处理某些问题的经过，但也同时具备使学生缺乏笼统、逻辑问题思想技能的缺点，所以老师要懂得使用多媒体教育技术，在对一些抽象、逻辑性较烦项问题时准确指导学生思考抽象问题，凭借于多媒体协助器械，遵守问题提出、指引提示、探讨意见的准则，渐渐给出处理抽象问题的经历，训练学生的思维，而不应该根据多媒体着急提出处理问题的过程与途径。

（5）多媒体网络教育体系以及电教体系应该被完善与设立，从而达到教育器械的教育方法当代化、讯息科技化。一个扩宽练习与教育通道的途径是多媒体联合体系的设立，不但能够加大输出课上教育的学问量以及课下练习机遇，并且学生不容易产生劳累感，使他们大脑的亢奋点能够被新鲜的视力所刺激，进一步提升教育效果。假如外部条件合格，那么把学生课下练习的舞台设立成为其供应充足优秀的教育资源

（6）财政策划思路与理念的教育不应该被无视，有些老师偏爱用多媒体讲授处置会计账单的经过以及许多事例等，从而讲不透，讲不清财政策划的思路，无视讲授关联的会计理念其后果是让学生丢失了创新力，被训练成机器人——只懂效仿操纵。

二、基于网中网软件的教学改革

（一）根据实际工作的业务选择性的重组教学内容来看目前《财务会计》的教材，涉及要素的各个方面，带有"准则 + 解释"的特点

由于高等院校的学生具有畏难、喜欢动手操作的特点，在安排教学内容时，可以依据中小企业财务处理的基本情况，结合网中网等软件的仿真操作，选择难易适当的内容安排教学。

（二）岗位体验中配合

《财务会计》课程的仿真软件教学我们知道，企业的财务数据是不能对外泄露的，所以想让学生深入企业去实践账务处理这是很难办到的。然而，单凭教学课堂中的教学内容，又对学生们缺乏真实性和实践性。这个时候，就需要我们在教学中借助仿真辅助软件，可以既有实践又学到了知识，效果极佳。例如，讲到存货的核算方法中的实际成本法核算时，网中网教学软件中的实训任务中提供了如下案例：2015 年 04 月 16 日，江宁电器有限公司采购商品一批，根据背景资料编制记账凭证。在该实训案例中，背景资料提供了商品的增值税专用发票、仓库的入库单以及银行进账单和转账支票。在操作时，首先需要更换角色（有制单员、出纳、记账和会计主管等角色），按选定

的角色进行实训。该实训任务选择制单员角色,进行记账凭证的填制。首先将凭证日 1 期"2015 年 04 月 16 日"填好,凭证字号"记字第 031"已有,然后在摘要处填入"购入商品",总账科目填列"库存商品""应交税费"和"银行存款",在对应明细科目分别填列"物品""应交增值税(进项税额)"和"中国银行某某支行"。金额分别填入借贷方,画斜线,填入合计金额,最后将附单据 4 张写好,在制单处签章。通过该实训,能够让学生切身体会到财务会计岗位的工作职责和工作内容。

(三)体现岗位分工原则

会计分为很多职位种类,包括出纳,成本会计,财务总监,采购会计,销售会计等。有时候这些职务是需要互相协作完成一项工作的,网中网教学就针对这点对不同职位进行了分工,这种仿真度极高的教学可以使学生在学习运用过程中,体会不同职务对工作的分工,切身体会企业对经济账务处理的过程,提高自身的实践能力,并且由此熟悉整个会计业务是如何进行的,对以后步入社会,进入工作有极大的帮助。

第三节 服务资源与会计课程教学的整合

会计专业教学与服务资源是为会计教育者、学习者、社会会计人员和经济实体提供所需资源和服务的平台,通过会计专业教学与服务资源库的建设,提升高等院校会计专业的人才培养质量和社会服务能力,帮助会计在岗人员提高和更新技能,满足个人多样化学习和终身学习需要,同时,形成区域性职业教育教学资源库建设范例,带动全国职业教育教学资源库建设。

建设会计专业教学与服务资源库的建设,一方面可以提升职业院校会计专业的人才培养质量和社会服务能力,使全国会计专业学生受益,另一方面可以为会计在岗人员提高和更新技能,满足个人多样化学习和终身学习提供服务,同时,形成区域性职业教育教学资源库建设范例,带动全国职业教育教学资源库建设。

一、会计专业教学与服务资源库的建设内容

(一)专业背景

专业背景反映专业的整体情况,包括专业调研报告;职业岗位工作任务分析表;专业标准;专业课程体系;专业人才培养方案等内容。

（二）资源中心建设

资源中心包括一切可用于专业教育教学的物质条件、自然条件、社会条件以及媒体条件，是专业教学材料与信息的来源，分专业课程中心、实训实验中心、技能认证中心、专业素材中心和服务交流中心。

1. 专业课程中心

专业课程中心的建设要具体到每门专业课程的建设，专业课程包括《会计学原理》《财经法规》《初级会计实务》等考证课程以及服务于不同会计岗位的《出纳实务》《成本会计》《纳税会计》等岗位课程。课程建设主要包括以下9类要素：课程设计；课程标准；电子教材；电子教案；教学课件；配套习题；教学案例；授课视频；业务操作平台；具体业务的动画、视频演示。

2. 实训实验中心

实训中心是为专业实训项目服务的，分设常规实训室、虚拟实训室和ERP电子沙盘实训室三个模块。

（1）常规实验室

常规实训室以学校现有的各个实训室为单元进行建设，建设内容紧紧围绕实训项目内容及实训实验教学环节而展开，全面支持教师的教与学生的学，注重学生专业技能的高效提高。常规实训室一方面为在校师生的实训实验教学提供网上服务平台，促进学生专业技能的提高；另一方面，面向社会开放，成为高技能人才培养基地，成为社会人员终身学习、可持续性学习的公共服务平台。常规实训室的建设包括以下要素：实训项目资料、实训测试题、实训室配套的仪器设备图片、仪器设备使用视频等。

（2）虚拟实训室

虚拟实训室是包括会计职业场景、岗位设置、岗位工作任务、操作角色在内的3D虚拟实训系统。学习者可以选择不同岗位进入系统，按照工作流程完成各项典型工作任务。该系统通过角色转换、上岗操作、业务路线选择、签章等功能，实现融职业认知、职业判断、业务处理、实务操作、评价反馈、教学管理为一体的实训教学功能。虚拟实训室的建设包括以下要素：虚拟实训项目、虚拟实训项目操作手册、虚拟实训素材、仿真练习系统、使用说明等。

（3）ERP电子沙盘实训室

ERP电子沙盘实训室是模拟企业实际运行状况，将企业整体战略、产品研发、生产、市场、销售、财务管理、团队协作等多个方面结合，让学生体验完整的企业经营过程，感受企业发展的典型历程，感悟正确的经营思路和管理理念。

（三）技能认证中心

技能认证中心是为提高在校学生以及社会会计人员的专业技能服务的，包括技能过关、技能竞赛、技能证书三个模块。

1. 技能过关

技能过关模块主要用于第 2 至第 5 学期进行的"分段式"职业基本技能训练和考核。主要内容有第 2 学期的"出纳技能过关"；第 3 学期的"会计基本技能过关"；第 4 学期的"岗位综合技能过关"；第 5 学期的"真账操作过关"。每项技能需要建设的要素有：技能介绍；技能要点；技能演示视频；技能评价标准；技能过关测试系统等。

2. 技能竞赛

技能竞赛模块围绕各项专业技能竞赛建设，分设职业道德知识竞赛、点钞竞赛、账务处理技能竞赛、纳税实务知识竞赛、财务会计知识竞赛等竞赛项目，每项竞赛的建设要素包括：赛制项目介绍；竞赛规则；竞赛工具图片及使用说明；竞赛题库；网上竞赛平台等。

3. 技能证书

技能证书模块是为会计考证服务的，分会计从业资格考试和助理会计师考试两个建设项目，每个项目的建设要素包括：考试介绍；考试大纲；在线课堂；练习题库；模拟考场；考试热点信息等。

（四）专业素材中心

专业素材中心是为了增强专业学习的形象性和生动性、拓展专业知识汇集的原始材料，分设图片库、文档库、视频库和动画库。

（1）图片库是以一些形象的图片展示会计工作用品、用具，包括各式会计凭证、账簿和报表的图片以及保险柜、点钞机、验钞机、算盘、计算器等财会用具的图片。

（2）文档库是与会计职业相关的一系列文档，包括各种会计法律、法规、规章的电子文档以及相关文献资料的电子文档。

（3）视频库是以视频的形式生动展示会计工作的流程和方法，包括典型业务操作方法的视频演示。

（4）动画库是以动画的形式展现各项会计工作程序，包括典型业务经办流程的动画演示。

（五）服务交流中心

服务交流中心分设会计信息公告、在线会计服务、财务管理咨询和财会论坛。

（1）会计信息公告是公布最新的会计考试、会计培训、法规准则等通知，使用户及时获取相关信息，及时更新业务知识。

（2）在线会计服务是通过在线传递会计信息，为企业提供网上会计业务处理与财务分析，网上纳税申报等服务。

（3）财务管理咨询是为企业的财务管理提供咨询等服务，不断提高专业服务能力。

（4）财会论坛是建立一个网络交流平台，加强与校外，省外以及国外的信息交流和互利合作。

（六）应用平台建设

应用平台是需求者们登录资源库、获取所需信息的入口，登录后可以获取资源中心的各类资源，包括在校学生应用平台、专业教师应用平台、社会公众应用平台和中小企业应用平台。

在校学生应用平台主要面对在校的财会类学生，可供学生在线登录、进行实训练习、查询专业信息、参加专业技能培训等专业教师应用平台主要面对专业教师，可供教师在线登陆、网络教学、在线答疑、获取课程建设资源等。

社会公众应用平台主要面对社会大众，供其在线登录、会计技能培训、会计后续教育、信息查询、所得税计算、其他人员自主学习会计知识等。

中小企业应用平台主要面对社会中小企业，可供其在线登录、财务管理咨询、请求代理记账、纳税申报、纳税筹划等。

二、会计专业教学与服务资源的建设要点

会计专业教学与服务资源的建设旨在满足在校师生和社会的需要，要实现这一建设目标需要抓好一些关键环节，包括前期准备、建设过程和后期维护。首先，要做好前期的调研和分析，这是资源库建设的重要前提，通过调研分析形成合理的资源库建设方案，明确具体建设内容。其次，重点抓好资源中心的建设，包括专业课程中心、实训实验中心、技能认证中心、专业素材中心和服务交流中心，这是资源库建设的核心。再次，资源库的后期更新和完善也是非常关键的，需要实时更新、不断完善，才能起到有效服务的作用。

三、会计专业教学与服务资源的建设意义

会计专业教学与服务资源的建设经历了广泛调研工作，既满足了会计专业在校师生的教与学的需求，更好地服务区域职业教育人才培养工作，又满足了社会会计人员多样化的需求，供其查询会计法律法规和会计专业知识，帮助其完成继续教育、提高专业技能，同时，突出为中小微企业服务的特色，专门设立中小企业平台，帮其解决相关财务问题，使资源库建设更好地服务区域经济。

第四节 信息资源与会计课程教学的整合

随着现代信息技术的发展，教育也在与时俱进。教育突破了传统的时空限制，并且变得更为开放和全面化，同时素质教育和创新教育也较之前有了极大的发展，促进了教学改革。如今计算机通信技术快速发展，会计课程教学越来越要适应于当今时代，与现代信息技术融合，促进会计教育事业的发展。

一、适应现代信息技术的发展，改革会计专业的课程设置

数据共享与网络传输是当代信息技术的两大信息管理方式，会计信息也是如此，由于数据共享和网络传输已经与生产信息、经营信息等互不分割相互融合了，因此我们要充分考虑这种情况，在互联网背景下，研究设计全新理念的会计教育课程。日后的会计课程中，最好要添加有关管理学、经济学和网络信息技术的有关课程和知识，增设如《现代信息技术》《管理信息系统》《电子商务会计》等课程，这样，学生不仅会掌握自己的会计专业，还能了解在互联网背景下如何学习好会计专业，会计科目在互联网背景下是如何发展的，可以利用互联网信息技术进行有关会计信息的处理。

二、适应会计教育的信息化，创新会计教学模式

现代信息技术的不断发展，使得当前传统的会计教学越来越不适应当前的时代，快速发展的信息技术加快了传统会计教学改革的步伐，推动会计教学模式加快创新，埋头苦干的传统教学方法应该被淘汰，应该将新型会计教学与互联网技术相结合，创造推广一种新型的团队式合作学习方法；淘汰传统的课堂教学模式，推广发扬个人在学习上的自主探索；淘汰传统不变的教学内容，推广学习互联网中海量更新及时的内容。

随着现代多媒体技术的不断发展，交互探讨教学也变得离我们越来越近。

交互探讨教学是一种以实现教师学生双向交流沟通为目的，并借助计算机网络技术和会计教学软件进行的一种教学模式。举例来说，教师在会计信息化实验课堂中可以通过利用计算机的同步和异步的双向传递功能进行会计教学。由此，学生们有问题的话可以通过计算机提问，教师通过计算机接收到学生的问题并解答；这样一来，教师可以一对一教学，也可以进行一对多教学；甚至有好的案例的时候，教师可以通过计算机将其共享出来供大家分析学习。如此，我们才能做到交互式教学，使学生与教师双向沟通互动，改变了以往学生只是被动地作为信息接受者的现象，使学生自主地参与进来，提高了课堂趣味性和提升了教学效果。

三、利用现代化的教学手段，提高会计教学效果

应用计算机网络技术的教学平台系统、智能辅导系统开展教学，将带来教学手段的变革，大大提高教学效果。

（一）开发多媒体辅助教学系统，提高会计教学效果

传统会计教学存在一些弊端，如碰到较大数据的会计问题时，处理过程烦琐的业务时以及有限的教学时间都使得传统的会计教学无法用手工方式解决这些问题。传统教学下，即使再完整的会计实例教学也只是单纯地教授会计原理走个形式罢了。而利用多媒体辅助会计教学后，我们可以制作丰富的课件以及利用一些高端的教学软件，将以前在传统课堂中很难讲明白的会计理论，会计方法和会计实务融入进来，使学生学起来简单明了，大大提高学生学习的积极性，激发学生的学习热情，提高教学效率和效果。

（二）发展网络学习系统，拓展会计教学时变

网络系统实现了学生们可以在仿真的会计情境下进行试验的做法，学生需要进行信息检索或者搜集的时候可以利用局域网查询相关信息进行信息处理。例如，可以在学校局域网上联通一些商品化会计软件，如用友财务及企业管理软件 M8.X、用友 U8 系列、金蝶 2000 系列等，学生可以通过这些软件分析实际的案例，进行账务处理，制作报表，核算工资和固定资产等多项会计业务的操作。进行完这些操作后，学生还可以通过计算机共享系统将作业反馈给教师，教师对此进行评判。通过这些仿会计实验的软件，学生可以对实验进行多次重复操作，一方面有助于加深对会计课程及原理的理解，对如何进行成本核算以及处理会计数据都能亲身操作，亲身体验；另一方面，教师也可以在计算机会计软件系统中对学生布置作业，学生在网络中完成这

些作业，可以有效地结合课堂所学知识以及会计实际操作，逐渐发展形成自身的会计职业能力。

四、适应现代信息技术的要求，加强学生能力的培养

适应现代信息技术的要求，加强学生能力的培养包括以下几个方面的内容：

（一）学生信息技术应用能力的培养

网络高速发展，越来越影响到我们生活工作的方方面面，许多企业为了方便管理也开始利用网络建立企业内部管理系统，这其中会计信息系统必不可少。因此，会计从业人员不仅要具备专业能力，还要具备熟练的计算机网络技术能力。这就要求对于会计从业人员加强计算机网络技术的教授，增设更多的有关计算机网络的课程，熟练运用计算机网络，提升计算机应用水平。

（二）学生信息检索能力的培养

互联网时代虽然带给我们很多的便利，但信息量巨大的同时也带来了一些负面影响，信息良莠不齐，安全问题无法保障，会计从业人员在日后一定要具备在网上分辨有用信息的技能。所以，互联网高速发展的时代，学校既要培育孩子注意关注信息意识，还要注意培养学生获取信息知识的能力，这样学生才能通过各种网络上的途径，如数据库、网络图书馆、光盘数据库等，及时高效地获取到对自己有用的本专业相关的信息内容。如何做到这些呢？就需要对学生进行一系列的有关课程培训提高学生的信息检索能力，如如何检索现代信息技术，如何对数据库进行管理以及如何进行数据采集及信息开发等。

（三）学生自我学习能力的培养

如今的时代是全民信息知识时代，每时每刻都有新的知识信息产生，因此新型会计人才必须要学会自主学习更新所学知识。借助互联网进行在线学习教育也成为世界注册会计师协会后续教学重视的一个重要环节。我们不仅能停留于口头的"终身学习""自我教育"的口号中，而应落实到会计学习的实践中去，提升自身水平。这就要求会计教学不仅要注重对学生知识的传播，还要培养学生自主学习的能力，使广大学生能够适应互联网时代下的会计学习，充分利用互联网信息学习有用的知识，提升自身素质。

（四）学生创新能力的培养

学生是教学过程中的主体对象，这一点一定要牢牢把握。把握住这一点

才能在教学过程中充分激发学生的创新能力,发挥学生在课堂中的自主学习能力和创造能力,有利于提高学生的自主意识和创新意识,最终为社会培养具有自我教育能力的人才。我们应该从以下几个方面入手,加强建设会计网络教学体系,培养会计专业学生自主创造学习能力:①加强对资源库的建设及管理。包括制作的会计课堂用课件、网上的有关会计方面的案例以及考试题库里的内容等。②加强对平台的建设,保证教师能够有一个下载上传课件的平台界面,同时保证学生要有一个平台界面以供他们下载各种学习资料。③加强对应用系统的建设,保证师生能有充足的资源用于会计学习,创建安全有保证的身份验证,提供可以点播课件的互动式界面等。除此之外,要保证系统中会计学习的资料随时更新,淘汰陈旧内容,方便学生随时查询使用全新的会计信息和资料。

五、适应现代信息技术的要求,提高教师的信息化素养

教学的质量和结果很大限度上受到教师素质水平的影响,因此要加强对会计教师队伍的素质教育,才能在信息技术发展的今天培养出高水平、高素质的会计人才。会计教师队伍不仅要有新颖的教学方法和模式,有专业的会计知识和理论,还要在当今社会对高速发展的互联网信息有所了解,能够熟练运用信息技术,并能通过计算机快速准确地查询到一手资料及最新的课件案例等,制作新教案,教学中充分利用互联网信息资源进行多媒体教学,建设课程资源,增强与学生互动,提高自身素质与水平。

第五章 会计人才培养体系的构建

第一节 会计人才培养体系的构建

一、问题的提出

随着我国市场经济的飞速发展,市场对各个层次会计人才的需求日益增加,但是我国当前的会计人才培养体系却无法适应市场需要,因此构建长效的会计人才培养体系成了亟待解决的课题。一方面,当前我国在会计人才培养方面存在很多漏洞和缺陷,培养体系不完善、不合理,过于重视理论教育忽略学生实践能力的培养,造成当前所培养的会计人才"量与质不匹配",难以满足社会需求。另一方面,会计人才培养体系的不科学也导致了会计初级人才、中级人才和高级人才分布比例不均衡,市场上的初级人才供过于求,而高级会计人才在未来相当长时间内仍有较大缺口。随着互联网的普及与经济全球化的深化,会计教育也正经受着"优胜劣汰、适者生存"的洗礼,我国当前会计人才培养体系的弊端日益显现。

二、会计人才培养体系构建问题研究的意义

会计人才培养体系的研究对于平衡会计人才的供给与需求,解决各个层次会计人才的就业问题大有裨益,对于我国经济的长足发展和社会的稳定都具有重要意义。经济全球化的深化以及我国改革开放的进一步发展,跨国企业以及我国民营企业得到了进一步发展,再加上科学技术的发展、互联网的推动,促使市场上企业间的竞争日益激烈化,这就对于会计人才的"量与质"提出了更高要求。

国际会计师事务所涌入中国,也加剧了中国会计行业的竞争,他们成熟而优质的会计服务使我们更加意识到加强会计人才培养体系的构建、提供优质的会计人才服务对于提高我国会计服务行业的实力和整体竞争力具有关键

作用。

此外，会计人才培养体系的研究对于壮大我国职业教育也具有重大意义，应用型会计人才的培养属于职业教育的范畴，培养既熟悉会计法规、又具有良好的实操技能的会计技能人才，不仅是中等职业教育的任务，高等职业教育也责无旁贷。

三、会计人才培养体系构建路径

当前我国会计人才的培养体系构建的任务主要是要均衡初级、中级、高级会计人才的比例，构建系统、完善、科学的会计人才培养体系，以适应社会经济发展的需要。

（一）从学校教育角度考虑

1. 教育理念

教育理念关系到人才培养方向，对于整个会计人才培养体系的构建具有指导意义。在会计人才培养方面主要注重三个基本原则：一是人才的培养与市场需求相匹配的原则；二是会计人才的培养与行业发展相结合的原则；三是人才培养坚持产学研有机结合的原则。

我国当前的会计学校教育可以说是成绩很大，最突出的表现就是无论是中等专业学校，还是大专院校几乎都开设了会计专业，可以说是全民办会计，但这种量大质不优的壮大也带来了很多问题，导致会计人才培养层次与市场不匹配，不能满足市场需要。

因此我们的会计学校教育需要转变理念，适应时代的发展变化。首先，明确会计教育目标，以市场对会计人才的需求为导向，不唯学历，重视会计实际技能和工作能力的培养，向企业输送合格的会计人才，改变当前一方面会计人才就业难、另一方面企业急需的会计技能人才又严重缺乏的状况，提高供需双方的满意度。要达成这一点并不容易，企业和学校之间需要架起沟通的桥梁，彼此不断沟通、不断反馈。只有这样，才能建立符合社会需求的会计教育目标。

其次，要将会计人才的培养与行业发展结合。不同的行业会计处理以及会计人才素质要求的侧重点各有不同。以往的会计教育模式培养出的人才，一般情况下到新的用人单位需要对于所处行业的知识和处理方法重新了解和掌握，这就暴露了传统"通用型"人才培养的弊端，难以体现不同行业会计人才的特征和能力需求。因此学校教育在课程体系设置方面，可以根据自身所处地域差异以及行业发展状况，适当开设一些选修课程，针对学生的行业选择偏好，着重介绍不同行业会计处理的方法和区别。

再次，会计人才的培养层次应该丰富化，既需要实践能力强的应用型会计人才，也需要一部分会计人才走上学术科研之路。因此在教学理念中必须牢固树立产学研相结合的原则，通过三者的有效结合实现社会、学校、会计人才的共赢。

2. 基本思路

学校教育是会计人才培养的主要阵地，因此我们需要从各个层次会计学校教育入手提高会计人才的培养效率。这就要求各个层次的学校认清自身的培养定位，调整课程设置，创新教学方法与手段，各个层次的学校要认清自己所培养的会计人才的定位。当前我国会计学校教育虽然规模庞大，但各个层次的学校对自己人才培养的定位都不够准确。各大中专院校应着力于"基础性会计人才的培养"，使其具备基本的会计职业能力，能迅速适应基层会计工作岗位的需要。而高层次的硕士、博士的培养定位则是既具有专业知识与技能，又具备开拓创新能力和科研开发能力的中、高级会计人才。

各学校还应该调整课程设置，在课程体系设置时充分注意理实结合。一方面在理论知识课程设置时，侧重培养学生在会计核算、财务管理、税务筹划方面的知识素养；另一方面，关注实践教学环节的设置和改进，充分结合校内实践与校外实践，既要有针对专业课基础知识的基础训练，也应该包括企业的岗位实习活动，加强校企之间的合作。

创新教学方法与手段，无论是哪个层次的学生都不喜欢满堂灌的填鸭式教育，这样的被动学习使学生苦不堪言，教师也吃力不讨好。因此会计教学应改变传统的以教师为主体的教学方法，培养学生的课堂参与意识，开展会计实务分组模拟操作小竞赛、主题辩论、角色扮演等活动。同时充分利用现代化的教学手段，一改过去的"纸上读兵"，将教学案例、典型错误等同内容用多媒体展现出来，与学生进行互动，为学生提供丰富多样的课堂教学。

3. 培养目标

新时期条件下，会计人才培养体系的构建与完善，不仅要严格遵守教学理念和教学思路，也应该随着时代的变迁与时俱进。会计人才培养体系的目标应该是：以市场需求为导向，均衡会计初级人才、中级人才和高级人才的比例。培养初级会计人才的中专、大专院校重点培养学生的会计实际操作能力，以满足中小型企业对会计基层岗位的人才需求；而作为会计人才培养重要环节的本科院校不宜将培养目标定位过高，要结合实际，放低身段。一些老牌的、实力雄厚的研究型本科院校生源素质高，培养目标主要是理论扎实、综合能力过硬的会计人才，为后续培养科研型、学术型高级会计人才奠定基础。而一些地方性本科院校则应该致力于应用型会计人才的培养，为地方经济作出贡献；硕士教育培养目标则是理论扎实、系统，有较强的科研和创新能力的中、高级会计人才；博士培养主要是培养视野开阔，掌握本门学科坚实理论和系统的专门知识，具有独立从事学科研究，高级管理能力，并能做出创造性研究成果的高级人才。总而言之，会计人才培养体系最终所要培养出的会计人才必须是能适应现代化经济发展的各类各层次人才。

4. 培养过程

学校会计教育在人才培养过程中可以将基础知识学习、岗位能力培养与会计从业资格证书、初级会计师考试内容融合起来，开设证书培训课程，实现"专业理论知识、岗位能力、技能证书"三者有机结合，力求学生毕业时"毕业证"和"会计从业资格证"都能到拿到，实现"零距离上岗"。

根据社会需求，确定恰当的会计人才培养比例后，针对这三个层次的不同培养主体，教授不同层次的理论知识，培养不同程度的工作能力。其中初级会计人才侧重于会计基本操作技能的培养，中级会计人才的培养则要求学生具备一定的应用技能和管理技能，高级会计人才的培养则注重决策能力和管理能力的锻炼与塑造。会计人才培养过程中还应该考虑到学生的实际情况、学习基础、兴趣爱好和个人的成长意愿，给学生创造多元发展的机会。实际操作时可根据学生的选择偏好，实施介层教学，从教材准备、课堂设计、考核评价进行科学分层，使不同层次的学生都学有所获。例如对倾向就业的学生，可着力培养其就业必备的岗位技能和应用能力；而选择继续深造的学生，可以通过开设"提高班"、"实验班"或"课外兴趣小组"等方式来满足他们更高层次的学习需求。

此外，会计人才培养过程中知识和能力固然重要，职业道德教育也不可小视，两手都要抓，两手都要硬，再优秀的会计人才如果没有良好的职业道德，输送给社会的可能是危险品，甚至可能是定时炸弹。因此学校在会计人才培养过程中要加强学生思想政治教育和职业道德教育，帮助学生树立正确的人生观、价值观，引导学生学会正确处理公私关系、奉献与索取的关系；通过案例分析讨论，让学生提前在课堂上感知会计行业可能出现的一些道德难题、道德困境，引导学生分析并找出合理的解决方法，让学生体会到现实生活中有些道德难题的评判不能简单地用对与错评判，处理起来会有很多技巧，从而培养学生的职业道德思维，提高学生的职业道德能力。

（二）从后续培养角度考虑

会计人才的培养并不是某一个阶段的过程，应该注重其连续性。因此，则需要建立会计人才的后续培养制度，注重人才的再教育。

第一，加强会计人员的在岗培训，通过建立良好的培训制度，对会计人员进行新的业务知识、税务知识等培训并强化会计职业道德教育，要求会计人员坚持准则，客观公正敢于同违反财经法规的行为作斗争。此外，对在岗会计人员可推行绩效管理，引入竞争机制。此举既改善了会计人员的物质和精神待遇，也在无形中给了会计人员一定的压力，使得他们更重视在岗培训，争取早日成长为业务上的多面手。

第二，要完善会计继续教育体系，会计政策法规不断推陈出新，需要我们的会计人才在走上工作岗位之后仍然需要继续学习提高。但现行的会计继续教育体系不够完善，有空子可钻，使得很多会计人员的继续教育流于形式，没有真正起到作用。因此首先我们应该推行会计继续教育法制化，制定相应的法律法规为继续教育的切实推行和实施提供保障，对会计人员参加继续教育的行为进行约束，使会计继续教育规范化、法制化。同时要严格会计继续教育的考核机制，不同层次的会计人员在参加完会计继续教育之后应采取不同形式的考核方式，初级、中级会计人员可采用闭卷形式来考核他们对继续教育内容的掌握情况，高级会计人才可采用开放式考核，考核他们分析问题、解决问题的能力，并将考核情况作为年度考核、评聘、人才流动的重要依据。最后要丰富会计继续教育形式，可不拘泥于统一形式，而是根据会计人员的不同层次、接受时间和接受能力，采用集中授课、网络教育等形式，并将完成会计相关课题研究、发表会计学术论文、参加会计职称考试等都纳入继续教育认可的范围。

第三，通过建立会计人才资源库的方式，详细记录各会计人才的成长过程与实践经历，将人才的培养和有效使用相结合，通过实践来检验人才的能力，进而有针对性地为人才发展提供更好后续服务和教育。会计人才的后续培养还应该加强个地区之间人才库的沟通与交流，通过双方的互动与合作，进一步提高会计人才的影响力，发挥后续教育的辐射作用与指导作用。在实践过程中，会计人才发现自身的欠缺，借助后续教育的方式可以更加快速有效地提升自身专业能力，提升服务水平和服务质量。

随着我国社会经济的发展，一方面市场对会计人才需求量越来越大，而另一方面则是很多会计毕业生就业困难，会计人才呈过饱和状态。究其原因，主要是会计人才比例分配不均衡，初级人才供过于求，而高级会计人才相当紧俏。因此我们要正视当前会计人才培养体系中存在的漏洞和缺陷，转变人才培养观念，从会计人才学校教育和后续教育两方面着手，明确培养目标，厘清培养思路，改进培养过程，逐步构建起系统、完善、科学的会计人才培养体系，促进会计人才与市场需求相匹配，发挥会计人才在经济建设中的重要作用。

第二节 高层次会计人才培养体系的完善

本文首先分析我国完善高层次会计人才培养体系的必要性；其次，基于对大型企业、行政事业单位、会计学术界以及注册会计师领域中高层次会计人才的需求现状进行分析；最后，针对如何完善高层次会计人才培养体系，给出了建议。

由于历史原因以及现有的会计人才教育体系不完善等，我国高层次会计人才的职业能力、知识结构和文化水平以及综合素质都与以上形势下对于会计人员的需求有较大的差距，这造成我国高层次会计人才的供给远远不能满足新形势下的需求。供给与需求的失衡使得我国会计的可持续性发展面临着严峻的挑战。完善高层次会计人才的培养体系已经成为亟待解决的问题，笔者针对此给出以下建议：

一、改革高层次会计人才继续教育体系

鉴于会计职业的重要性以及知识经济时代对高层次会计人才的新要求，我国应当进步完善和改革会计继续教育体系，按照新形势下对高级会计人才的特殊职业能力要求，来设计和实施专门针对高层次会计人才的继续教育体系和方法，争取能为社会主义的经济发展培养更多的高级会计人才，以让他们更好地发挥在经济管理方面的重要作用。具体来说，应当从以下几个方面入手：第一，构建继续教育框架体系。我国应当结合高层次会计人才的特点来设置相应的课程、更新教学内容、注重教学方法，使他们及时更新自身的知识结构，加强业务素质；第二，因材施教。在教学具体实施的过程中，不能"一刀切"，应当按照每个人的具体情况采取不同的教育方式，提高每个人自己的学习和创新能力；第三，财政部和相关监管机构应当监督和跟进继续教育工作的实施，及时发现并解决其中存在的问题，更好地完善继续教育体系。

二、加强高层次会计人才在岗培训

会计工作本身具有较强的实践性，需要在掌握理论逻辑的基础上不断实践，才能将会计工作做好。所以，企、事业单位或者政府机构都应当注重对高层次会计人才的在岗培训，使他们在了解一般企业会计准则的同时，能结合单位自身的盈利模式和会计核算特点更好地处理相关财务会计问题，更好

地指导未来的会计工作。第一,需要推行以人为本的管理思想,吸引高素质的会计人才,充分尊重人才,不断开发人才的潜能,促进人才的全面发展;第二,建立良好的培训制度,不断拓展高层次会计人员的知识结构,以适应会计的改革和发展,从多层次和多渠道两个方面不断完善培训制度;第三,改善绩效管理,引进竞争机制。一方面改善激励机制,提高高级会计人才的生活质量,增加他们的福利,让他们在工作之余无后顾之忧,同时注重精神层面的激励;另一方面引进竞争机制,有竞争才有活力,加强他们的危机感,才能保证高层次会计的不断进步;第四,创新招聘和选拔人才机制,本着不拘一格降人才的理念,看重每个人的业务能力和综合素质,而不是学历、经验等外在要素,创造良好的选人和用人制度环境。

三、建立科学的高层次会计人才考评体系

我国现有的高级会计人才评价体系是以会计考试和发表论文两个维度组成的,二者均以传统的财务会计知识为主。《中华人民共和国总会计师条例》中明确指出:总会计师需要组织和领导本单位的财务管理、成本管理、预算管理、会计核算和会计监督等工作,参与本单位重要经济问题的分析和决策过程。而高级会计师的考评注重于财务会计领域的知识,造成了考评体系与实际的任职资格不匹配等问题。针对高层次会计人才考评体系的改革和完善,笔者提出以下建议:第一,考评体系需要站在企业战略层面的高度来制定,根据现代企业中对高级会计人才的能力和素质要求,以及需要对重要经济问题进行分析后给出决策支持信息,所以考评体系应当不仅涉及财务领域,还要涉及非财务领域,并且需要对战略决策给予高度关注;第二,在评价体系中注重对高级会计人才的沟通、决策和领导等管理能力和技能的考察。因为高级会计人才是公司的高级管理人员和行政指导,在公司整体的管理框架中起着举足轻重的作用,一定要具备管理方面的技能之后,才能更好地胜任工作;第三,注重对伦理道德的考察,特别是在高级管理人才的任职资格和能力评价体系中,伦理道德因素往往是不可或缺的,因为他们在工作中会因为权力而面临很多的诱惑。此时考察他们的伦理道德观对他们胜任岗位的可持续性提供有力的保障。

四、完善高级会计人才市场

人才市场给人们提供了人才竞争的场所,它作为人才信息汇总和交流的场所,更重要的是人才资源配置的一种机制。针对我国高级会计人才市场的现状,笔者提出以下建议:第一,加快建立会计人才市场中心。会计不同于

其他行业，它对于人才的诚信以及专业技术能力都有较高的要求。然而，实际情况是目前我国并没有专门的高级会计人才市场对人员的信息以及诚信记录进行明确的规范管理。应当由政府牵头来加强这一市场的建立，以更好地完善会计人才市场，对其市场活动进行更好地服务、监督和管理。所有参与会计工作的人员信息都需要经过会计人才市场的认定，并随时与用人单位保持信息共享，对人员的经历信息进行及时更新。另一方面，市场的规范也能保护会计人才的合法权益，避免出现用人单位胁迫会计人员从事违法会计行为的现象发生，从而提高会计信息的质量；第二，建立健全会计人才市场的法律法规体系，给市场正常运作提供更好的保障；第三，进一步拓宽高级人才市场的服务功能，更好地适应高级会计人才的信息化、国际化等趋势。

第三节 法务会计人才培养体系的构建

随着市场经济的迅速发展，社会环境和经济运行过程日益受到法律规范，与此同时，利益的驱动与诱惑，致使涉及经济的违法违纪及犯罪案件急剧增多，急需能够客观公正地处理这类案件业务的法务会计人才。人才培养靠教育，人才培养目标的实现关键在于构建合理的人才培养体系及应用体系。

一、概述

法务会计学科体系的建设与发展，对法务会计教育及人才培养体系的促进作用和对法务会计实践的指导作用是非常直接的。这是因为各种法务会计学科在形成与发展过程中，是为了适应法务会计教育及人才培养的需要。在此基础上，法务会计人才培养体系应包括：第一，应明确法务会计人才培养目标；第二，探索法务会计人才培养模式；第三，设计法务会计专业课程体系及专业课程设置；第四，将现代教学手段融入法务会计教学中；第五，确立法务会计实践教学模式；第六，争取法务会计人才的资格认证；第七，加强法务会计人才培养制度建设等。这些内容相互依存、密切联系，构成了法务会计人才培养体系。是谁需要法务会计信息，以何种方式应用，法务会计工作有何特点，这些内容构成法务会计的应用体系。法务会计理论是通过法务会计人才实现其应用的，反过来经过实践检验，从而发现理论存在的问题并加以补充和完善。

二、法务会计人才培养体系

法务会计人才培养体系指在一定范围内按照一定的秩序和内部联系组合

而成的整体，该体系的构建与优化，是促使法务会计理论发展与应用的关键。

（一）法务会计人才培养目标

法务会计人才培养目标是人才培养目标体系中的基层目标。对法务会计人才培养目标的认识，是确定法务会计教育其他环节的起点。只有确定了法务会计人才的培养目标，才能对法务会计教育的其他问题进行相应的研究。经过研究笔者认为，法务会计人才培养目标主要是培养掌握基本会计理论和技能，具有审计、法律等相关专业知识与基本技能，并具有创新意识、较高的职业道德和较强的社会责任心，能够综合运用法律知识、会计学知识以及审计方法与调查技术，处理经济事件中涉及的法律问题，是懂得法律并具有综合型、复合型之特点的高级法务会计专门人才。他们可以在会计师事务所、律师事务所、企事业单位等经济组织，从事会计核算、监督、鉴证、评价及经济事件中所涉及的法律证据的取得与管理，也可以在企、事业单位、社会中介机构、司法部门专门从事法务会计的服务与咨询工作。

（二）法务会计人才培养模式

根据法务会计人才培养目标要求，笔者本着培养理论水平和实践能力相结合，综合能力和专业能力、专长能力、拓展能力相结合的原则，设计法务会计人才培养模式。一是理论教学按会计的特点和工作流程及法律的特点及程序设计人才培养模式，旨在提高人才的会计、法律等基本理论水平；二是实践教学根据专业的业务流程及岗位需要设计案例、情景模拟、综合演练等方式。

法务会计涉及多个学科领域的知识，重在各学科综合的应用能力。案例设计，一是由教师讲授、列举、描述、分析案例，促进学生对理论知识的理解，学生只能被动接受；二是学生设计案例，即由学生根据所学理论自行设计案例，设计案情的不同发展方向，作出区别性分析，得出不同的结论，转变学生从被动接受者提升为主要参与者和设计者。情景模拟即由学生将讲案例排演成小品，进行情景模拟，营造身临其境的感觉。综合演练如何通过会计账户、报表等信息查处经济犯罪、财务舞弊查处、纳税申报与税收调查，如何获取案件所需证据；如何从法学角度查处会计账证的合理性和合法性等。

（三）法务会计专业课程体系与专业课程构建

我国的法务会计专业教育尚处于起步阶段，所以法务会计专业课程体系设置应根据人才培养目标，区别于传统的财会专业，它不是纯粹的会计审计专业，也不是单纯的法律专业，而是多学科的交叉与融合。本着"两线"+"一面"+"实践"的原则设置课程。

"两线"之一，即法律类课程，如，刑法、民法、民事诉讼法、刑事诉讼法、国际法、国际经济法、犯罪心理学和逻辑学、证据学、经济法、税法等，尤其是取证技术；"两线"之二，即会计审计类课程。课程除具有会计专业相关知识外，尤其应侧重基本会计准则、具体会计准则、行业会计制度以及独立审计准则的学习，重点熟练掌握会计技术、审计调查技术等方法。"一面"即广博知识两类课程。包括统计、管理学、税收征管、财经应用写作、计算机技术等拓展知识两类课程，重在培养多科性技能人才。"实践"即设计动手能力培养的实践类课程，例如，法务会计案例、审计案例、手工会计模拟、会计信息化模拟、多媒体会计模拟、多媒体审计模拟、纳税申报、税收筹划等实践类课程，全面提高法务会计人才的专业技术和动手能力。模拟教学和案例教学应作为法务会计专业化人才培养的重点方式，应设计运用会计、审计、法律法规来侦破或解决有关经济活动及其纠纷处理、舞弊案件处理的综合案例来进行教学活动，使法务会计人员学习内容更加接近实际，为未来从事经济活动、经济案件或舞弊案件的审核、计算、分析以及为法庭作证提供有力证据。

（四）现代教学手段在教学中的应用

包括计算机在内的信息技术的广泛使用，增加了教育信息，促进了教学质量的提高，是未来教育发展不可或缺的重要手段。法务会计教学可以借助计算机、音响系统等多媒体设备，在常规的课堂教学方式的基础上引入图形、声音、动画、视频等多媒体，来强化学生感性认识和分析能力，提高学生的学习兴趣。例如，拍摄产品工艺过程录像、会计工作录像、法庭审判、法庭证据调查等录像，在法务会计课上进行播放，向学生演示法务会计人员进行取证、调查、统计、汇总等不同工作内容情景，增强学生的感官认识，以便进一步增强对法务会计岗位需要及工作性质、工作流程的理解与认识，从而增强职业兴趣、专业爱好。

（五）法务会计实践教学模式及实践教学方式

法务会计专业是多学科融合的边缘学科，在理论教学环节上应重视理论与实践教学紧密结介，法学思维与会计学、审计学思维相融合。即，在讲授会计学、审计学类课程时，引导学生运用法律的知识思考和解释会计学问题；反之，在讲授法学类课程时，引导学生运用会计学知识思考和解释法律问题等，避免孤立的法律或会计教学。在实践环节上采取校内多模块模拟（分会计、审计、会计信息化、纳税模拟等模块）、案例分析和情境设计、实践基地的顶岗实践及参观实践和社会调查等灵活多样的方式，全方位的实践形式培养法务会计人才成为创新性、多元性、独立性思维的复合型专业人才。

（六）法务会计人才培养及资格认证制度建设

法务会计人才培养同其他专业一样，须加强人才培养的制度建设。当法务会计发展到一定阶段，随着经济发展对其人才的需求大幅增加，法务会计人才的培养就不应该是无序状态，而应该需要规范和约束。例如，在财政部门主管下设立"法务会计学会"，负责会计界和法律界的沟通与协调，组织开展法务会计理论及法务会计实务的研究；在教育部门主管下设立"法务会计人才培养研究会"专门开展对法务会计人才培养的研究。财政与教育主管部门会同其他有关部门联合建立一系列法务会计人才培养制度，包括培养规格、培养方式、后续教育、法务会计人员资格认证、法务会计专家证人认证、法务会计操作规范等系列制度，从而，使法务会计人才培养有章可循，法务会计人员的服务有行动指南与操作规范，法务会计人员的价值体现有评价标准。

三、法务会计应用体系

是谁需要法务会计的信息，以何种方式应用，法务会计工作有何特点，这些内容构成法务会计的应用体系。

（一）法务会计的应用领域

在企业，因为商品的购销活动可能产生债权债务纠纷、因纳税业务可能产生税务纠纷、因利益驱动可能有舞弊行为，这些行为均需要法务会计人员运用合同法、税法、证据法等相关法律知识，站在会计视角提供有利于当事人的专业证据或意见；在司法机关，有关经济案件的侦破需要法务会计提供专业诉讼证据；会计师事务所开展舞弊专项审计，需要法务会计人员的审核意见及专业支持等。

（二）法务会计的应用方式及工作特点

从专业人才看，法务会计人才应该是既熟悉有关法律知识，又精通会计业务的跨专业、跨领域的复合型人才；从工作实质上看，法务会计工作就是注册会计师工作和律师工作的有机结合。因为，单纯的注册会计师或律师都无法独立地完成当事人的委托、处理各种经济纠纷的有关问题，特别是财务与法律相结合的问题，这就需要既懂得会计、审计知识，又熟悉法律知识的专业人员来从事这项工作，这样的专业人员就是法务会计人员，这种工作就是法务会计工作。

总之，法务会计职业是我国经济发展的热门职业，法务会计的应用是市场经济规范发展的必然趋势，法务会计教育需要区别于其他专业传统的目标模式；我们要从人才培养目标分析入手，积极探索人才培养模式，构建课程体系，探讨实践教学模式，进而完善法务会计人才培养体系及应用体系，为尽快培养社会急需的法务会计人才服务。

第六章 会计人才培养模式研究

第一节 会计人才培养模式的利弊

21世纪是以知识经济为主要特征的时代，人才越来越受重视，而人才的培养主要靠教育。我国普通高校会计学专业肩负着为各行各业输送会计专业人才的重要任务，在新的形势下，只有不断地进行教学方式的改革，用最新的专业知识全面地武装学生以及及时地调整高校会计人才的培养模式，才能培养出符合时代需要的会计人才。

一、高校现行会计人才培养模式的简介

随着我国高等教育事业的发展，各大高校的会计人才培养模式也随之发生了变迁。人才培养模式是指在教育活动中，在特定思想指导下，为实现培养目标而采取的组织形式及运行机制，包括人才培养目标、培养规格、培养方案、培养途径和教育评价五个基本要素。这五个基本要素关系密切，相互作用，相互影响。人才培养目标决定了培养规格，培养规格又反作用于人才培养目标，培养目标做的调整要适应培养规格的变化；依据培养目标与培养规格制订出培养方案；实施培养方案，并且通过教育评价加以论证。

目前我国大部分高校的会计人才培养是以专业培养计划为核心的培养模式，这种模式是一种相对静止的、固定的培养方式。一般来说，大部分高校都是提前制订整个学年培养计划，在学习期间按培养计划进行。

二、高校现行会计人才培养模式的优势分析

人才培养模式是培养什么人和怎样培养人的有机统一，是由培养目标、培养制度和培养过程三大相互关联的要素组成的有机整体。现行的高校会计人才培养模式是一种固定的、提前制定规范的培养模式，它的存在给大部分高校带来了一定的积极作用，表现为：

（一）人才培养方向的明确化

我国财政部发布了与国际会计准则趋同的新会计准则已于 2007 年 1 月 1 日起在我国上市公司率先执行。在与国际接轨和执行新会计准则过程中，我国急需一大批熟悉国际会计准则、掌握国际资本市场惯例、能够承担国际业务、精通外语的国际化会计人才。针对我国目前会计人才的需求，各大高校的人才培养目标旨在确定培养何种人才、人才应当具有何种素质和技能等。在明确培养目标的基础上，再制定教学规划、课程设置方案并组织教学，就能够使会计教育的方向更加明朗。现行高校会计人才培养的目标主要是让学生能深刻地掌握会计基础知识，具备坚实的理论基础和熟练的实务操作能力，从而培养德、智、体全面发展的高级会计专门人才。从教学任务的角度来看，这种培养模式对学生比较贴近，目标也比较明确。

（二）人才培养途径的正规化

人才培养途径是实现培养目标的关键，包括教学课程和教学实践环节等，其中，课程体系是核心。大部分高校的会计课程是延续基础课、专业基础课、专业课"三段式"的课程教学模式。学校的会计课程主要通过介绍会计准则和会计核算的方法，使高校的学生了解编制会计报表的步骤。教学培养的内容主要是侧重以教科书为主导传授相关的会计知识。此外，当前会计实践教学一般有三种组织形式：集中式实验、分散式实验、模拟实验室实践。大部分高校采用的都是模拟实验室实践，这种方式能让学生缩短联系单位或者企业的时间，直接把书本上的知识与实际工作中各种凭证取得、填制、账簿登记、编制报表有机结合起来，增强对会计业务程序处理的认识。一般来说，大部分高校采取的都是这种实践学习的模式。这种培养模式有利于培养研究性人才或者工程类会计人才。

（三）教学资源配置的便利化

高校的教务处在学期初期，就会对各大院累下达相应的培养计划要求，经过各院系的修正和教务处的批准后，培养计划就开始实施。同时，教务处会安排相应的任课老师授课。不可否认这种计划式的人才培养教学模式对整个高校的运作所带来的便利，也正好体现了计划是对未来行动方向，内容和方式安排的管理性文件的优越性。

由于高校现行的会计人才培养模式是预先制定好的，其相关的内容和授课的方式都已经成文，因此这种模式的稳定性，让教务处和学校相关工作部门的工作有预见性，在开学初期就可以对整个学期的教学计划做一份系统的、详细的安排。这不仅便于整个学校的教学管理和资源的配置，还能节约学校的费用。

三、高校现行会计人才培养模式存在的问题

会计学是一门有效的应用学科，也是一门重要的管理学科，各大高校大部分都开设会计学及财务管理专业，向国家输送了大批会计专业技术人才。但是目前高校在会计人才培养上还存在一系列问题，严重制约着各大高校会计教育水平的提高和会计教育事业的发展，具体表现为：

（一）课程设置的滞后性

大部分高校所设置的会计课程滞后于会计实务的发展，课程陈旧，教学内容不合时宜。大部分教材在内容上对会计制度解释较多，理论分析很少，而且普遍存在未能把新的科学研究成果、新的科学概念及时地融入教材。教师在教学过程中，偏重于会计制度、会计准则等一些知识的解释，而缺乏应有的理论论述及分析。若教材不能及时更新，一方面会造成学生知识陈旧，另一方面也很难培养和提高学生判断和分析问题的能力。

同时，由于会计是一种技术性很强的管理工作。但是各大高校设置的实践课程环节却常常被人们忽视。通常是课程设置都是理论课在先，实习课放在最后一学期或者最后一学年，造成理论与实践相脱节。特别是一些农林院校会计专业学生只有一两次的实践机会，其会计模拟实习往往仅安排一周时间，实践教学流于形式，实际上还是以教师、课堂、教材这种"三点一线"的方式为培养模型。

（二）教学硬件设施的落后

随着市场竞争的进一步加剧，企业竞争空间与范围的进一步扩大，在MRP II 的基础上发展出 ERP 系统。目前，企业中已经广泛运用 ERP 系统，企业通过网络平台，整合各种资源，使得资金、信息能够实时交换，实现对整个供应链的有效管理。ERP 系统通过定义事务处理相关的会计核算科目与核算方式，在事务处理时自动生成会计核算分录，保证了资金与物流的记录和数据的一致性，实现事中控制和作出实时决策。

目前很多高校基本上都建立会计手工实验室和会计电算化实验室来模拟会计工作流程。学生通过这些实践，掌握会计核算的基本技能，提高学生的动手能力。高校培养的学生要充分考虑就业问题和社会接轨，就需要符合企业或者单位的要求。但是，因为引进 ERP 系统需要大量经费，大部分高校考虑到经费问题，更多的会计实践环节还是停留在传统会计模拟实验室水平上。

（三）人才能力培养的欠缺

许多高校会计专业普遍分得过细，如国际会计专业、注册会计师专业、会计电算化专业等，过于强调专业的特征和实用性，培养出来的人才知识结构单一，与厚基础、宽口径、高素质、强能力的要求不符。这种教学方式无疑不利于培养学生的综合素质。另外，学生跨学科、跨专业选修课程的资源有限，如英语、国际金融、财政学、管理学、市场营销、法律等，无法弥补会计专业学生知识结构上的不足，影响学生拓宽知识面，不利于培养具备多元化知识结构和相应的高能力的综合型会计人才，不利于提高我国会计人才在全球经济中的竞争力。

四、高校现行会计人才培养模式的重塑

会计环境的变化以及会计学科边界的拓展，要求各大高校的会计教育具有适时性和动态性。知识经济的发展要求培养出适应新世纪社会经济需要的既具有较高理论、扎实的知识，又具有开拓创新能力的复合型会计专门人才的会计教育人才培养模式是当务之急，应从以下入手：

（一）提高课程体系质量

虽然关于会计专业之类的书籍是五花八门，但是系统、权威的教材还是凤毛麟角。笔者建议，要尽快采用高质量的全面的教材，运用科学的教育方法和先进的教育手段配备高校会计专业的教育。各大高校的会计专业应该尽量采用教育部推荐教材或者名牌院校甚至是西方原版教材进行教学，融入最新的知识点和最新学术观点，按照国际会计的要求，满足经济全球化的需要，与国际化同步接轨。同时，授课老师要在教育方法和教学手段上进行改进，培养学生分析问题的能力，激发学生的积极性，发挥学生的创造能力。教师要真正成为会计课堂教学的组织者、领导者、促进者，而不是知识的灌输者和课堂的主宰。要实现教学改革目标，就必须运用科学的教育方法和先进的教育手段。

（二）培养应用型的人才

会计专业是实务性很强的一门专业，大量的会计学生毕业后在企业从事会计工作。所以适应市场的需求，培养应用型人才，首先涉及的是培养目标问题，突出教育特点，以劳动力市场需求为导向，以提高学生就业能力为目标，培养适销对路的实用人才。其次要注重素质教育。素质教育是应用型会计人才培养模式构建的基础。知识经济时代的人才不仅要具备专业知识和专

业技能，更要注重基础素质，尤其是创新素质、道德素质。创新人才是决定一个民族竞争力强弱的关键要素。培养具有创新意识和创新能力的应用型会计人才是市场的需求。加强道德素质教育，把知识的传授与道德精神的熏陶融为一体，促进人的全面发展。

（三）加强教学硬件设施

在教学手段上要采用多媒体教学，利用声、光、电的优势把知识展现出来，同时还能激发学生掌握现代科学技术的积极性。这样，培养的学生不仅掌握了会计知识，更提高了他们的知识结构和综合素质。此外，改善实验室建设，会计教学不仅要向学生系统地传授理论知识和基本方法，而且更要注意培养学生应用会计理论和方法去解决会计实践问题的能力。在传统的实验室建设的基础上，院校应该拿出资金或者与企业联合建立 ERP 实验室。通过 ERP 模拟系统，可以让学生全面掌握企业各个环节的工作流程，了解运营形式。

第二节　工学结合高职会计人才培养模式

一、工学结合高职会计人才培养模式的构建

（一）实施工学结合本位的培养模式

1.培养模式的基本理念

高职教育须转变办学理念，实现科学发展，关注社会发展的需要。推动职业教育从计划培养向市场驱动转变，从政府直接管理向宏观引导转变，从传统的升学导向向就业导向转变。预测社会发展趋势，依据产业结构及经济调整的需要，进行高职会计专业建设研究。在建设改革的过程中，从教学与职业发展规律出发，以较高的"职业判断能力"和熟练的"操作动手能力"为目标，不断赋予"发展能力，工学结合，校企合作，持续发展"的高职教育理念新的内涵，促进职业教育教学与生产实践及社会服务相结合。

2.工学结合课程模式的构建

工学结合本位课程模式是能力本位的课程开发模式，这种模式是针对岗位群的要求整合与配置教学内容和课程体系，满足企业对应用型人才的要求。工学结合本位课程模式的主导地位主要体现在：变"学科本位"的课程思想为能力本位，课程体系按能力需求精简课程内容，以工学结合培养为主线，强调以工学结合作为课程开发的中心，重整会计课程，以训练为重心，进行

并行方式学习（学生在理论学习的同时，在学校实训中心进行工作实践），做到"三个结合"，即教学和实践结合、学校和企业结合、模拟岗位操作和理论学习结合。新课程体系包括综合素质和行业岗位需求的知识和能力。以主干专业技术为核心，建立多学科综合化的、动态的、多元的课程结构和课程内容。以培养专业技能为轴心，建立实训课程体系。以校内外实验、实训基地为基础，部分课程到企业去完成。学习环境与工作环境相结合，部分课程到实验、实训基地完成，增强职业岗位群意识；学习环境模拟工作环境，实现技术应用能力、岗位群适应能力及综合素质三者相结合。借鉴北美国家普遍采用的CBE教育模式，在模块教学的基本框架内，以专项技能模块为基本教学单元组织教学，以岗位为中心进行全仿真实训，培养学生的技术应用能力和基本素质能力。对于课程设计如下：一个企业资金管理从管理过程划分为筹资过程的管理、投资过程的管理、资金耗费过程的管理、收益的实现与分配过程的管理四大环节。例如，可以将财务会计、成本会计和财务管理三门课结合起来，组成一个教学模块。对四大环节的间接管理是财务会计课程的任务。成本会计主要是对资金耗费过程的管理，包括成本核算、成本分析、成本预测、成本决策、成本计划、成本组织、成本控制和成本监督。这样，成本会计是财务管理与财务会计在资金耗费环节的交叉，加上这三门课程同时对资金过程的管理，所以三门课程可以结合起来，组成一个教学模块。由于管理会计和财务管理与成本会计内容的交叉，可以不再开设。为此，可探索采用中级会计考试教材作为高职会计核心课程教材。

3. 培养模式的整体优化

面向未来，狠抓高职教育教学研究，合理调整专业结构。工学结合本位的培养模式要面向新兴产业和现代服务业，加大课程体系研究力度，大力推进精品专业、精品课程和教材建设。改革以学校和课堂为中心的传统人才培养模式，关注实用技能培养，合理计划安排经费，建立综合性的校级实训基地和校外实践教学基地，对设备进行集中管理、监控及维护，使学生熟练掌握设备的操作并进行反复的训练。让学生了解工厂企业的真实运作、组织、车间管理方法，校企互惠互利、共同发展。全面推进高职教育的信息化发展，教学中体现现代教育技术的应用。逐步建立有别于普通教育的，具有高职教育特点的人才培养、选拔与评价的标准和制度。充分利用区域内优质资源和就业市场，进一步推进合作办学。

（二）合作教育，协调发展及实现途径

合作教育是工学结合会计人才培养模式构建的核心，是工学结合会计人才培养中的重要特色,是培养学生把理论知识转化为实践能力,提高学生综合素质与创新素质的有效途径。实践创新能力都是在大量产业实践中培养的,而合作教育是其实现途径。从职业教育发展历史经验及实践探索得出,工学合作教育的实施成效是培养高职会计人才成功的关键,工学合作教育要卓有成效,一定要做好以下工作:

1. 合作教育方式

合作者要明确工学合作的目标、内容方法及双方责任。双方成立组织机构和领导小组,聘请行业专家、企业领导与学校教师共同组建"专业教学指导委员会"。"专业教学指导委员会"的职责是明确专业人才的培养目标,确定专业教学计划的方案,提供市场人才需求信息,协助学校确立校外实习、实训基地。"专业教学指导委员会"最突出的作用就是确定了以社会岗位群对人才需求为导向,以知识、能力、素质结构为依据的专业人才培养方案,建立校企合作的教学体系。合作教育是一种人才培养模式,有其完整的教育体系,应当贯穿在整个人才培养过程的始终。可主动将服务、技术送到企业,将培训送到现场线,并承接企业订单,根据企业用人数和规格开展订单培训。坚持"用知识报效社会"的价值观,充分利用专业和人才优势,树立品牌意识,提升服务水平,拓展服务领域,广泛进行社会交流,为地方、行业提供决策、咨询、培训服务,深度进行校企课题研究工作,切实发挥服务地方经济发展的作用。校企共同、联合开展培训。高职教育的实践教学,不是一种简单理论教学与实际结合,而是培养学生形成岗位特色要求的知识——能力素质结构的一种教育过程,而这种知识——能力素质结构的培养是通过合作教育联合设计,共同培养。要实现这种合作教育的教学模式,就要求教学计划和教学体制与之相适应。实践教学环节可安排到三个学年进行,完成不同阶段的实习任务。这种合作教育有利于学生尽早了解工作岗位和环境,在学习中,学生学习的目的更加明确,学习的动力也更足,使学生能够提前进入角色,为走上工作岗位提前做好心理准备、知识准备和能力准备。

2. 岗位轮换教学,加强合作意识策略

(1) 角色扮演教学策略

会计教学过程中,根据学生的特点把学生分成若干组,每组构成一个财务部,分别扮演会计主管、制单员、出纳员、记账员等不同会计角色,开展审核原始凭证、填写记账凭证、登记会计账簿、编制会计报表等会计核算工作,使学生通过岗位角色的扮演,明确各自岗位的职责,了解会计核算的流程,培养协同合作能力,能达到事半功倍的作用。例如,由会计主管、制单员、记账员和出纳员所组成的财务部如何审核原始凭证和编制记账凭证的过程是：会计主管对原始凭证的合法性、合理性和有效性审核通过后传递给制单员；制单员根据经济业务性质，相应记账凭证后传递给会计主管；会计主管对记账凭证进行审核，符合要求后签名交还给制单员，反之则退还重填；制单员把审核后的收款、付款凭证传递给出纳员，转账凭证传递给记账员；记账员根据收款、付款凭证卷记现金日记账和银行存款日记账，在出纳员处签名后传递给记账员。学生通过扮演财务部的相关角色共同合作完成原始凭证的编制和审核工作，领会岗位之间的合作性和牵制性。

（2）岗位轮换策略

为了完成实践教学目标，需要进行岗位轮换，小组中的每一个成员必须依次扮演4个角色，通过4轮轮换，使得每一个同学都能将所有实践内容轮换一次。加强了会计实践教学，系统培养了学生的实务操作技能。

（三）加大实验实训教学力度

1. 建立完整的实验教学体系

在建设"现代职场、真实氛围"外部环境的同时，积极探索创新实践教学。实验教学是指在会计模拟实验室（包括手工实验室、电算化实验室），选取仿真或企业实际业务资料，按实务工作的流程和要求，让学生进行实际动手操作的教学形式。可分为手工、电算化、综合三个实验阶段。手工实验阶段，除穿插在理论教学当中的章节实验项目之外，可配合各门理论课程之后开设基础会计实验、财务会计实验、成本会计实验、纳税申报等集中高职会计教育模式改革的研究的阶段实验课程。在教师的指导下，通过对实验资料的认真思考、分析，学生可以使用会计工作模拟器材，对科目的设置、复式记账、填制和审核凭证、登记账簿、成本计算、纳税申报、编制报表等会计循环环节的工作都动手实际操作，并在操作过程中体会、归纳手工会计工作的特点。电算化实验阶段，对高职层次会计专业学生的要求就是在把握会计手工工作流程的基础上，能熟练运用常用的会计软件进行各模块的操作与维护，利用电算技术，处理企业的日常会计业务。通常于第四、第五学期，开设一至两门的电化课程，不仅介绍会计电算化的基本原理，更重要的是让学生上机操作，掌握通用的财务软件的实务操作处理。综合实验阶段通常安排在最后一个学期。搜联整理一套企业完整、真实的业务资料；营造一个立体交互的"社会"氛围，设置包括银行、税务、保险单位等与企业有经济业务往来的外部环境；由若干名学生组成一个职责分工明确的企业财务部门，按岗位分工，各司其职，强调互相监督，互相协调配合；进行手工与电算化双轨的综合业务处理。各岗位定期轮换，以达到全面实践的目的，通过综合实验阶段的训练，可以全面、系统地提高学生的实务操作能力。

2. 加强实训环节

实训条件包括软件配备、资料配备、工具配备，软件配备包括电子实训软件设备、企业版财务软件配备；资料配备包括"银行票据、税务票据、业务票据"组成的票据库、各类账簿和报表组成的账表库、仿真企业的核算资料；工具配备包括教学工具、装订机、验钞机、计算器等工具。

（1）在实训室和校内实训基地仿真实训

该方案实训效果是能使仿真实训形式、实训工作日常化，让学生每天都处在会计工作环境中解决不同问题，不仅有利于学生的职业素养的养成，更有利于学生提高职业技能人际交往能力和独立处理问题的能力，实现职业技能与职业素养一体化培养。该方案实训的运行成本是要有专用实训基地。这是一项一次性较大的投资，但现在多数高职院校缺乏长远规划和全局意识，院、系、部、处各自为政，固定资产资源不能共享。据教育部的统计数字，部分高职院校教室、实验室、实训室的使用率只有60%。所以各院校只要合理规划，不用投资就能够解决实训基地的问题。

（2）在校企合作实训基地现场实训

该方案实训的效果是在实习期间，学生跟校外实训基地的指导老师（会计人员）从事企业会计真实经济业务的会计处理工作，可以得到现场指导和帮助。因为学生亲临现场实战，实地动手操作会计工作，可将学校学习到的会计理论知识运用企业实际会计工作中，培养了他们的会计岗位工作能力，实训效果显著。同时学生切身感受了企业文化氛围、企业价值观和企业精神，不断提高了团队意识、合作意识、质量意识、安全文明生产意识，进一步实现了职业素养与职业技能一体化培养。

三、"工学结合"高职会计人才培养模式的路径选择

工学结合人才培养模式是指职业院校与行业（企业）密切合作，将学生的课堂学习与参加企业实际工作结合在一起，使学生能学到课堂中学不到的东西，并接受一定的职业训练，取得一定的工作经历，从而形成职业态度、职业能力和创新能力，顺利地完成学业，实现从学生生涯到职业生涯的过渡。工学结合的人才培养模式，能够实现企业、学生、高职院校和社会的多赢，是新世纪我国高等职业教育的必然选择。

（一）工学结合人才培养模式的重要意义

教育部《关于全面提高高等职业教育教学质量的若干意见》提出把工学

结合作为高等职业教育人才培养模式改革的重要切入点，这是高等职业教育理念的重大变革，是高职教育发展的必由之路。实行工学结合人才培养模式具有重要意义：实施工学结合使学生将理论学习与实践经验结合起来，从讲授纯理论的课堂走进社会生产实践的第一线，以准职业人的身份参与实际工作。学生在工作过程中同时接受企业师傅的指导和学校教师的组织和管理，实现学习生涯与职业生涯的无缝对接。

实施工学结合可以将企业对人才规格的需求落实到学校的人才培养方案之中，企业可以通过学校的教育培养自己需要的人才，为企业发展储备高质量的人才资源。同时企业也可以利用学校的资源对员工进行培训，提升员工的文化素质。

实施工学结合可以使高职院校充分利用企业生产条件和职业氛围强化对学生的职业技能和职业道德培养，把教育培养的课堂扩展到生产现场，实现生产育人的目的。同时工学结合教育增加了学生优先被企业录取的机会，把学校就业工作的重心前移到企业，使就业与教育紧密联系在一起，体现"以服务为宗旨，以就业为导向"的办学方针。

（二）高职传统会计人才培养模式存在的问题

我国的高等职业学院大多是由原中专校合并升格而成，升格为高校后基本套用原普通高校传统的学科型培养模式，没有摆脱学科教学模式的束缚，仍然受知识系统性、学科性和完整性的制约。这样的模式显然不符合高职院校人才培养目标的定位。会计专业是高职院校普遍设置的一个专业，目前通行的传统的会计专业人才培养模式存在很多问题。

1. 课程体系学科化

传统模式下的课程体系偏重于会计专业知识理论体系，它往往通过设置一系列会计课程来完成，实施的课程主要是基础课、专业基础课、专业课，这些课程的课时数占总课时的比重通常在50%左右。素质教育等其他课程不但课时数少，而且经常是相对固定不变。目前很多院校虽然加大了实习实训教学的力度，但由于受学科教育的影响，还没有按照实际会计工作岗位要求组织教学，实习实训的绝大部外内容是账务处理，其实是准则、制度讲解的继续，只不过是将平时做在作业纸上的作业改做在凭证、账册上而已。这种课程体系与高职会计人才的培养目标是不相适应的。

2. 教学内容理论化

受"通才"教育理念的束缚，教学内容仍然突出理论知识的传授，强调知识的系统性、完整性，缺乏针对性，没有以理论够用为度，导致实践教学环节效果弱化；教学内容注重于准则、制度的讲解，过分强调会计核算内容；虽然增加了实践教学环节的训练，但教学重心没有真正向实践技能训练方面转移；教材内容陈旧老化、交叉重复、内容偏多、理论偏深，造成教学时间和教学资源的浪费，也影响到实践教学的安排；由于缺乏对会计工作岗位的认识和调查研究，没有按照会计岗位所需的专业知识和专项能力组织教学，实践课内容缺乏实效性和针对性。

3. 成绩考评试卷化

学生成绩考评基本上沿用传统的闭卷、笔试形式的期末考试评价方式，仅以一次成绩作为成绩评价标准，缺乏科学性，忽略了实践能力的测试。这种"纸上谈兵"式的应试教育，造成校方认为成绩优异的学生却被用人单位拒之门外，呈现出严重的高分低能、校企人才评价标准脱节现象。成绩考评体制的不合理，严重影响了学生实际操作技能的锻炼和综合素质的提高，从而对学生的职业发展产生了负面的影响。

4. 师资队伍单一化

教师没有实际会计、审计工作经历，缺乏实际工作经验和操作技能，不能满足技能型人才培养需要。教师在教学中照本宣科，鹦鹉学舌，传授的"技能"犹如空中楼阁，学生动手能力差，不能适应就业的需要；师资短缺，整体素质偏低，"双师素质"型教师严重不足。一些有能力的会计教师到企业做兼职会计，但学校往往不支持、不鼓励，还认为是在"干私活"，甚至想方设法进行卡、管、限。其实，会计教师从事会计兼职工作正是他获取会计实际工作经验、提高教学水平和实践教学能力的最佳途径，这是派送教师到企业进行一般的参观和实习所无法达到的。

要解决上述问题，必须跳出传统人才培养模式的误区，适应高职教育的培养目标，根据目标的职业岗位群和职业能力要求，从培养学生能力的角度出发，选择与专业技能、岗位实际紧密结合的教学内容。只有避免不必要的空洞理论的传授，采用"1学结合"人才培养模式，才能使我们培养的学生真正达到高素质、高技能要求。

四、高职"工学结合"会计人才培养模式的路径

针对目前高职会计专业的教育现状及存在的问题，高职会计专业在人才培养模式上要不断更新理念，强调能力培养、整合课程体系、体现基于工作工程、增强实践环节、适应社会需求，选择符合高职会计专业特点的"工学结合"培养路径。

"工学结合"有广义和狭义之分。广义的"工学结合"可以理解为工作

过程与教学内容的结合。它包括两个层次：与今后工作岗位相适应的校内仿真教学和企业全真教学。狭义的"工学结合"仅指在企业会计岗位上教学。鉴于会计工作的特殊性，会计专业人才培养的"工学结合"以广义理解为更妥，即通过充分的市场调研，把握职业岗位群和职业能力及岗位能力要求，根据能力要求确定培养目标，针对专业能力制定基于工作过程的"工学结合"人才培养方案，并且根据学习领域的情境划分实施以工作任务驱动的项目化教学，在此基础上通过仿（全）真的实训和顶岗实习来实现高职会计专业的培养目标，真正做到"以就业为导向、以能力培养为本位、以社会需求为目标。"

（一）根据培养目标的定位，制定符合人才规格的培养方案

通过与企业、行业专家共同研讨，真正明确高职层次会计专业学生的主要就业岗位群、应具备的能力及必须学习的知识领域，根据学生必须掌握的专业知识，设置专业岗位能力学习领域模块；针对提升学生的专业及人文素质，设置岗位能力拓展模块和职业素质教育与拓展模块；针对学有余力的学生设置岗位能力提升模块、基础技能知识拓展模块和专业能力提升模块，通过各模块的设置真正达到干什么学什么，缺什么补什么，要什么给什么。

（二）根据职业岗位工作要求，确定基于工作过程专业学习领域

针对传统会计专业课程设置老化的特点，根据会计行业的常见岗位需要对教学内容进行改革，将相关课程按照基于工作过程进行整合，实现完全的学习领域化课程设置，如开设"会计认知与职业基本技能""出纳业务操作""企业经济业务核算""成本计算分析""纳税计算申报""会计信息化"等学习领域课程，并且按照工作过程的行为导向，采用"工学结合"的课程设计、有针对性地会计教学，使学生就业后无论从事什么相关职业岗位，都能快速达到职业要求，真正实现与就业零距离。

（三）根据工学结合的培养模式，实行以工作任务驱动的项目化课程教学

传统的会计教学及校内实训不能给学生真实的岗位体验，如何解决这个问题呢？将传统的理论教学和平时阶段实训融合，对各学习领域按仿真的工作环境，设计不同的学习情境。如"企业经济业务核算"学习领域，可划分为"筹资与投资""采购与付款""销售与收款""收益与分配""会计报告与分析"等若干学习情境，以工作任务为驱动，融教、学、做于一体，按"六步教学法"实行项目化的教学。

（四）建立仿真的模拟实训和全真的生产型实践基地，进行"工学结合"的实践教学

建立与学生规模相当的校内仿真的模拟实训基地，设置会计模拟教学系统、会计岗位模拟系统、会计业务模拟系统、银行结算模拟系统、纳税申报模拟系统等，让会计各岗位的业务都能在会计模拟实训中体现，并能提供相应的模拟操作训练；还可以将各个环节进行组合，为学生提供一个仿真的实训环境，校内模拟实训应聘请企业兼职老师提供实训指导。与此同时，可以运用校内师资的优势，组建会计服务机构，建立校内生产型实践基地，承担社会代理记账、会计咨询、审计等业务；组织具有会计从业资格的学生，在会计老师的指导下，直接从事企业会计业务的处理和审计基础工作。

（五）建立校外实习基地，进行"工学结合"的感性认知和顶岗实践

根据会计教学的需要，在校外建立必要的会计实训实习基地，一方面承担会计专业感性知识教育，在会计启蒙教学之前可让学生感受真实的会计环境，观察会计资料、参观工作流程，使学生对会计工作有基本的了解；另一方面，平时在校内的实训基地实训，虽然在一定程度上可以提高学生的动手能力，但毕竟只是一种"操练"，同时鉴于会计工作的特殊性，不可能在一个企业安排大批的会计专业的学生进行顶岗实习，因此必须建立数量较多且满足需要的校外顶岗实训基地，为学生提供"演习"的场所。学生在校外顶岗实训期间，要聘请企业财会人员担任会计实践指导老师，承担顶岗学生的指导任务，会计专业的教师定期巡回指导，随时掌握学生顶岗实践的情况。

（六）实行双证融通，实务技能培养与职业证书集中培养相结合

与大部分行业不同，会计行业有严格的准入制度，即所有从业人员必须取得会计从业资格证，为解决这一问题，在校期间应将有关知识纳入"会计认知和基本技能"。在此基础上，开设证书培训课程，将"基础知识学习——岗位能力培养——从业证书培训"三项内容连成一体，以项目教学为主要教学方法，保障"双证融通"课程教学内容的有效落实。同时为加强对学生的专业技能培养，要求学生在学习期间必须获得相关资格证书，为学生以后顺利就业打通职业门槛。这种以岗位技能训练和行业证书培训相结合的"工学结合"必将取得良好的效果。

五、工学结合高职会计人才培养模式有效运行的保障体系

（一）建立工学结合人才培养管理机制是关键

1. 建立运行机制

要使产学研合作教育卓有成效，必须建立一整套可靠的管理机制和运作程序。运行机制是工学合作教育的基础，合作双方只有在思想观念上取得统一、方法程序上达成一致、营造融洽的合作环境，合作才能长久。因此，要建立一个统一良好的、保证正常运行的机制主要体现在四个方面。

一是建立思想机制。学校广大教职员工要在思想上确实形成实施工学合作教育是学校生存发展的必由之路，创造良好的合作氛围，树立主动服务的意识，与合作单位建立良好的互助关系。合作企业也应深刻地认识到产学合作教育的最终目的是为企业培养会计人才和做好人才储备，推进企业发展，提高企业社会知名度，对国家和人民有益的大事。一旦形成了合作教育统一的办学思想这一基础，再大的困难双方都能共同承担和解决。

二是建立双赢机制。合作是为了达到人才培养的1+1>2的效果，即"双赢"的目的。因此，合作中要坚持互利互惠的合作原则，形成良好的利益机制。在合作决策行事过程中一定要寻找利益交汇点和共同点，使彼此都能获得利益，这样才能使利益矛盾和冲突变成利益的统一与和谐。彼此双赢，客我共利，才能获得合作发展的长远利益。

三是建立互动机制。合作教育的目的是培养出符合企业需要的与培养目标一致的合格会计人才，因此合作必须实现双向互动。一方面，企业必须把人才培养纳入人力资源开发的轨道，及时掌握岗位职业技术发展变化的信息，并始终监控教育产品的产出过程，不断地把自己对人才的要求、企业运行的状态、技术进步趋势、市场演变的信息、企业文化等带入学校，引导学校在专业设置、培养模式、实践教学等方面的正确定位。另一方面，学校要树立为区域经济发展、为企业发展服务的理念，关注企业的需要，研究应用型人才的产出规律，努力实现专业设置与社会经济发展零距离配合、教学内容与职业能力要求零距离贴近、实践教学与职业岗位零距离对接，不断探索出合作教育的最佳模式，为社会和企业输送优秀员工。

四是建立师资引进、培训机制。发达国家职业教育的教师既是企业界的企业家或某一领域的技术工人，又是通过教育学院培养的具有扎实的文化基础和专业技能的专职教师。美国职业教育的教师必须是大学本科毕业或硕士研究生，并经过教育学院和实践环节的专业培训，才能成为职业学校的教师。同时，教师每隔2—3年要参加一次教师资格考核，并取得连续任教合格证书。

师资队伍水平的高低直接影响工学合作教育的质量。因此合作教育的双方要按照专业技能的需要，从共同发展的角度出发，共同建立师资培训机制，打造一支教学水平高、技术能力强的"双师型"教师队伍。对于学校而言，一方面，要改革用人机制，从行业聘请有丰富实践经验的会计师担任操作技能教学的指导教师，建立能进能出、专兼职相结合的"双师型"师资队伍；另一方面，要有责任、按计划、分步骤地抓好现有教师的进修培训工作，要根据教师的不同情况，进行不同程度的进修，可允许长期培训与短期培训、在职进修与脱产进修、系统培训与部分培训等多种形式交替进行。并利用假期派专业教师带任务，有针对性地下企业实习，增强教师的知识水平和业务能力。对于企业，则应有义务为合作教育选派最优秀的会计师担任教学工作，并主动为高校教师实习提供岗位，也可通过合作研究课题等方式共同提升师资队伍水平；另一方面，安排企业的兼职教师到学校进行专业理论教学及高等教育学和高等教育心理学的进修，提高教学水平。

2. 制订制度管理体系

制度是规范工作程序，不至于出现偏差的尺子。因此，要使工学合作教育顺利实施，运行机制得以落实，合作双方要制定一套行之有效的规范管理制度。主要有：

（1）教学管理制度

这是工学合作教育管理的最重要一环。其管理目标是保证培养方案中所要求的理论和实践教学内容得以实施。双方要充分研讨共同建立一套涉及教学工作各个环节内容的教学管理制度。尤其是积极推行适合学生创业、为教学改革创新带来柔性管理的学分制管理制度。

（2）"1+n"管理制度

即建立学历证书教学内容与职业资格证书培训内容相互融合沟通的制度，将职业能力的"硬性指标"和相关技能证书的内容转化为学历教育的教学内容。可以将会计证、初级会计师资格证，高职院校英语证，计算机文化基础证以及普通话证等证书的取得都作为学生毕业的必要条件，实现"一教多证""一专多能"的教学目标。

（3）学生管理制度

这是涉及培养什么人和稳定工作的大事。其管理目标是建立起包括学生在企业实习期间的思想政治工作、学习、生活和安全工作在内的全方位管理。制定的学生管理制度既要科学严格，又要充分体现人性化。在校管理要落实到班级，由班主任负责；实习期间管理要落实到小组，由组长负责。通过思致教育制度、组织纪律制度、日常生活制度和安全管理制度的实施，真正实现思想工作有人做、组织纪律有人管、日常生活有人问、人身安全有人抓的全方位管理的育人局面。

(4) 师资管理制度

建立一支专业与企业相结合、稳定高水平的师资队伍是双方共同的目标。因此，要通过制定教师行为规范、教师绩效考核、进修培训等师资管理制度，不断提高教师的业务水平和工作积极性，确保工学合作教育的内容不打折扣地落实。

(二) 完善的教育教学评价系统是保证

按照高级应用型会计人才培养方案，要从工学合作教育的参与者、教学内容、实施过程以及用人单位角度来全面综合评价人才培养质量，所以教育教学的评价系统，要从高职院校、合作教育的企业和社会评价三个方面来构建，建立一套人才培养方案评价、人才培养过程评价和社会评价的三个系统。通过调研，汲取一些高职院校的工学合作教育实践经验。这里给出一个高级应用型会计人才培养质量教学评价系统建立的基本框架。

1. 人才培养方案评价系统

由行业和企业专家领导、技术骨干、学校专业负责人等人员组成的各专业指导委员会实施评价，主要从专业定位是否准确，培养目标及学生知识、能力、素质结构是否符合用人单位的要求；教学内容是否"必需、适用"满足培养目标，专业课教学的针对性和新知识、新技术、是否体现；课程设计和教材是否科学合理，体现教学大纲要求等方面对人才培养方案涉及的培养计划、教学大纲、课程设计等内容进行全面论证。

2. 教学过程评价系统

教学过程总体上可分为校内理论与实践教学和校外生产实习两个环节，因为这两个环节的教学环境、教学手段和教学实施者不同，因此，要分别进行评价。

(1) 校内理论与实践教学评价

主要是对教师的理论与实践教学过程、学生知识基础和基本技能掌握情况、学生综合素质培养情况三个方面进行评价。

由学院主管或分管领导、教务处、督导室、系部等相关人员组成理论与实践教学评价工作组，每学期对教师的理论与实践教学过程进行一次评价，主要通过听课、日常的教学工作检查、学生的教学反馈信息等途径实施，并将评价结果与教师学期和年度考核、职称晋升等挂钩，起到激励先进，鞭策落后的作用。

由教务处、各系部教学单位按教学计划进行学期期中、期末考试，评价学生的基础知识和基本技能。

由学生处和团委具体负责，教务处和各系等相关部门人员协调配合，每学期一次，对学生综合素质进行评价。主要从思想道德素质、业务能力素质、文化素质和身心素质4个指标和若干个分项要素，以权重系数方式综合评价。

（2）生产实习教学评价

主要是对企业兼职实习指导教师的教学情况以及学生在生产岗位实习考核、毕业设计（论文）和此间的综合素质进行评价。

对企业兼职教师实习教学的评价，可由学校教学督导室和校企成立的联合教研室，采取听课及学生教学反馈途径实施。其结果与教师教学课酬和聘任挂钩，教学效果不好的解聘，保证生产实习的质量。

学生生产实习考核由实习单位指导老师实施，从学生劳动纪律、工作态度、团队合作和创新精神、解决实际工作问题的能力、实习计划明确规定的操作规程和技能掌握程度等方面进行综合评价。

学生毕业设计（论文）的评价应组织生产实习企业会计师参与的答辩委员会负责实施，主要从利用所学知识解决了哪些实际问题、产生多大价值、题目难易程度等方面作出评价。

最后，将校内理论与实践教学评价和生产实习教学两个环节学生综合素质评价汇总，给出学生综合素质的总体评价，为优秀学生评比提供重要依据。

3. 社会评价系统

高职会计毕业生质量到底如何？社会和用人单位最有发言权，因此，建立社会评价系统极其重要，是高职院校反映人才培养存在的问题最直接、最快捷的重要渠道。社会评价的参与主体是行业及社会考证机构、用人单位和毕业生。可从三个方面开展社会评价：

一是考证机构能力检验。按照"双证书"要求，组织学生参加行业规定的助理会计师职业资格考试，检验学生的技术水平是否达到职业必需的能力要求，并通过考核检查该专业设计的知识和技能与职业标准存在的不足。

二是聘用单位实际评价。即由学校专门组织连续多年（5到10年，甚至更长）定期走访用人单位，跟踪毕业生工作情况，对聘用的毕业生进行工作实践的考察。企业安排毕业生所在岗位的有关领导，根据实际工作表现，从政治思想、业务能力、文化素养、身心健康四个方面对其作出全面的评价。学校根据这类专业的毕业生评价数据，可正确地分析学校在人才培养过程中存在的不足，及时制定措施，加以纠正。

三是毕业生自我评价。毕业生通过长期的工作实践，最清楚在校所学的知识和技能哪些适用,哪些无用,还存在哪些缺陷等。学校要建立毕业生回访制度,由毕业生对自己在校所学的知识和技能,与工作实际需要进行对比评价,并对学校的教学内容等提出自己的建议。这种评价结果,对学校的教学改革具有很好的借鉴。

此外,要充分发挥出社会评价系统的真正效果。学校一定要怀着一种诚恳、谦虚的姿态与社会评价单位和毕业生个体建立良好的关系,使这一评价系统运行正常,获得真实可靠的评价结果。

这种由产学合作单位、用人单位、行业及考证机构、毕业生和学校的教学督导部门多方共同参与、构建的内外统一相互促进和约束的教学评价机制,还具有广泛的社会意义,能吸引社会各行各业都来关心、支持、参与高职教育,拓展高职院校的产学研合作教育的途径和范围。

(三)政府立法保障工学结合人才培养模式的实施

学校与企业合作教育的有效实施,须借鉴国外先进经验,通过中央政府或地方政府以法律或法规的形式加以保障。

(四)做好就业指导,帮助学生顺利就业

就业指导是关系到毕业生能否充分合理就业,提升就业率,提高就业质量的一项重要工作。一方面,学校要贯彻"全程化、课程化、个性化、网络化"的原则,建立一个全面、系统、持续、有序的就业指导教育过程。即把就业指导贯穿在从招生宣传到学生入学直至毕业的整个过程之中;把就业指导的内容以课程的形式,纳入整个教学计划,向学生进行系统讲授;依据学生个人能力、兴趣、发展潜力,指导学生选择适合自己的专业或职业;利用现代信息网络这一迅速、便捷的重要载体,充分为学生提供全方位的就业指导和就业服务。

第三节 本科会计人才培养模式

国家教育部制定的面向 21 世纪教育振兴行动计划指出:党的十一届三中全会以来,我国的教育事业取得了显著成就,但是我国教育发展水平及人才培养模式尚不能适应社会主义现代化建设的需要,因此,振兴我国教育事业是实现社会主义现代化目标和中华民族伟大复兴的客观要求。21 世纪的知识已不再是传统意义上的知识量的多少,会计人才也不仅是掌握会计知识的多少,而是利用会计以及相关知识解决实际问题的能力。随着社会经济的不断发展,市场对会计人员的素质要求正在发生着深刻的变化,传统的会计教育受到了极大的冲击。在这种背景下,会计教育的研究成为现代会计学术研究的一个重要组成部分,国内会计教育界正在深入研究会计教育改革的问题。本文针对传统会计教育的不足以及社会经济发展的趋势,探讨对高等院校应用性本科会计人才培养模式改革的一些粗浅设想。

一、传统的本科会计人才培养模式的不足

(一)偏重于会计专业知识教育

传统的会计教育往往通过设置一系列会计课程来完成。在教学方案中,会计课程的课对数占总课时的比重通常在 50% 左右。在教学方案中尽管有部分经济学、管理学及信息使用的课程,但课时数较少,而且内容往往是相对固定,同时学生时其重视程度远不如会计课程。

(二)偏重于基本理论基础技能的教育

在传统的会计教育模式下,课堂教学采用传统的严格按逻辑顺序、知识的理论性、系统组织教学的课堂教学模式,考核方法基本采用期末考试的形式,学生也许学会了怎样编制分录、怎样编制报表,但在如何利用这些生成的信息帮助解决日益复杂的企业与会计问题方面则显得不足。

(三)课程之间的联系性较差

传统的会计教育模式下,各门课程之间尽管在内容上可能做了协调,但各自为政,忽视了彼此之间的融会贯通和综合能力的培养,学生很难将所学知识进行整合,形成自己的一种能力。例如在"会计学"中只讲授与会计业务有关的个税知识,而"税法"中只从经济法的角度来向学生传授单纯税法的内容,却没有将二者很好地联系起来,这样就会使学生在实际从事税务会计时,感到无所适从。

(四)缺乏对学生实践能力的培养

传统的会计教学模式是以教师为中心,以教科书为依据。在这种模式下,教师按部就班地分步来讲授课本知识,等到课程结束时学生也不一定能够形成对该门课的一个总体认识。更难实现分析问题、解决问题能力的提高。这不得不让我们对传统会计教育模式究竟教会了学生什么产生了疑问。

二、对应用型会计人才培养模式的构建

鉴于传统的本科会计人才培养模式存在着很大的弊病，束缚了本科会计学生的发展，因此必须进行应用型会计人才培养模式的改革。本文从以下几方面探讨对应用型会计本科人才培养模式的构建。

（一）会计人才培养目标模式

会计本科教育培养的是适应社会需要的应用型本科会计人才，其人才培养目标应体现为"厚基础、宽口径、高素质、强能力"，其内涵应具体体现为"厚基础"，即要具备扎实的会计专业基础理论知识；"宽口径"是要拓宽学生的知识面，相近学科专业打通培养，增强学生对经济发展和社会需求的适应性；"高素质"，则是加强学生人文素质和科学素质教育，提高其文化品位和素养；"强能力"，则是训练学生获取知识的能力、综合应用知识的能力及发展创新能力，将学校教育与社会实践相结合，培养学生对社会的认识及适应能力。

在此基础上，应用型会计本科人才的培养目标应定位为：以满足社会需求为导向，培养面向市场经济中企业和组织需求的具有开拓精神和创新意识、良好的职业道德、相关的专业知识并掌握学习技能的高素质应用型会计人才。

（二）教学选择模式

教学模式是教学理论和教学实践的综合体。一种教学模式，总有一定的理论主张、理论倾向和理论依据。影响教学过程的诸要素在时空上的组合方式，直接影响着学生学习的积极性和主动性，影响着教学效率和质量，关系到教学目标是否实现，教学任务是否完成。所以会计教学模式应根据课程特点、教学内容特点来构建。主要可从以下几方面入手。

1. 构建以培养能力为重心的教学体系

在教学过程中将传授知识、培养能力和提高素质既相对独立，又有机地结合起来，构建以培养能力为重心的教学体系，体现多层次、个性化的培养特征。构建和完善以提高基础理论和基础知识为目标的理论教学体系，以提高基本技能与专业技能为目标的实践教学体系，以提高综合能力和拓展专业外延为目标的素质拓展体系，构成人才培养的总体框架。

2. 改变现有教学方法，提高专业能力

会计学传统的方法是黑板授课方式。在以往的教学中，这种教学方式起到了重要作用，但是随着信息时代的到来，世界各国都在进行教育改革，如利用多媒体网络教育系统、远程教育联机学习系统，学生利用电子邮件、电

子布控系统、计算机媒体会议、声音图示或视频电话会议、远程数据库存取以及最远的世界广域网进行学习活动。我国也已经大面积地进行计算机辅助教学软件，所以从事会计教学的人员应抓住机遇，尽快建立适应信息社会需求的、全新的高效率的教学方式和教学手段，在教学中加强实验操作，利用财务软件进行教学，设置课题讨论，课堂交流，对不同学科可选择某一重要环节进行操作练习，并进行综合模拟操作练习，增强学生的感性知识，提高学生专业水平。

3. 改变教学内容，增强品质能力

在错综复杂的社会中，怎样以自身的能力来适应社会的变化，适应社会的选择，这需要培养学生良好的素质。在教学内容上除了教授专业课程之外，可增设公共关系学、领导科学、心理学等课，使学生能够经受社会竞争压力的挑战，能够面对困难和挫折，勇于开拓进取。

4. 改革教学管理模式，适应新的会计教育模式的需要

新的会计教育模式强化了教学的灵活性，增加了教学活动的复杂性，与此相适应，教学管理工作要根据新模式下教学活动的特点进行改革，为新的教育模式的推行保驾护航，同时起到监督的作用。

5. 实行学分制教育

学分制是指在高等院校相对于学年制实行的教育制度。实行学分制有利于调动学生的积极性，有利于人才培养的多样化，有利于学生个性的发挥，而且与"大众化"教育的要求相适应。同时可以较高程度地实现个性化教学，激发出学生最大潜能；可以最大程度地解决学习任务和学习能力之间的矛盾；可以最大限度地培育学生的道德、能力和创造力；有充分的空间让每个学生深入细致地掌握、领会知识，将知识理解透彻。

6. 构建教学质量监控体系

为了规范教学秩序和监控教学质量，应构建培养应用型人才的全员性、全方位、全过程的质量监控体系。教学质量监控体系是"全员性"的，即监控的主体要以学校主要领导为第一责任人的全校所有部门和全体成员参加的全员群体；质量监控体系应是"全方位"的，即监控的对象既包括教学过程，又包括生源、师资、设备等教学投入要素与考核、就业反馈等产出的质量；质量监控体系应是"全过程"的，即监控地运行是全过程的，不但在教学基本过程实施监控，而且从市场需求调研、专业结构优化，人才培养方案制订，到考核评价、学生就业、用人单位反馈，都要实施监控。这种全员性、全方位、全过程的监控，才能卓有成效地保证学校人才培养质量的提高。

（三）考核评价选择模式

目前我国绝大多数院校采用德智体量化综合测评的方式考评学生。这种制度尽管比较直接规范，透明度和公平性都较高。但也不能忽视它的反面导向作用——学生唯"分"是图。加之现在的考试制度主要考查学生知识量的多少，因此，从总体上讲，目前我国的教育评价制度与素质教育尤其是创新教育是不适应的。教育评价制度改革的方向是变静态、单一、应试式的评价制度为系统、动态、多样化的评价制度。

1. 评价内容的全面性

不仅应评价所学知识的多少和所学内容的熟练程度，还应评价其综合运用知识解决问题的能力。

2. 评价过程的动态性

教学过程中的恰当评价有利于教学双方总结经验、调整方法，提高教学效果，因此对本科会计学生的考核和评价不应该只在期末或某一固定时间进行，而是要不定期、随机地来完成，以便能够准确的掌握学生的学习能力。

3. 评价方法的多样性

包括以考试方式考核学生的掌握程度，以实验方式考核学生知识的运用能力，以案例方式考查学生分析问题、解决问题的能力，以实习的方式来了解学生对知识应用的程度和社会实践能力。

4. 评价指标的系统性

评价指标要尽可能覆盖反映学生知识、能力、素质的各方面，除学习成绩外，还应包括社会工作能力、科研创造能力、问题素质等方面。

（四）教师选择模式

教学模式、考核评价模式确定后，教师就是关键和决定因素。所有教学过程的实施、教学效果的考核都由教师进行，而不同的教学模式要求教师具备不同的素质和能力，因此，在教学模式确定的基础上，要根据不同教学模式的特点要求选择教师。应该注意在构建应用型会计人才培养模式中，首先要实现教师角色的转变。为了实现教育目标，教师要变变传统的、单向性的教学模式，寻求一套以学生为中心，以能力的培养为基本点，在传授知识的同时培养学生的运用能力，实现由教学中的说教者、课堂的控制者向教学中的示范者、学习中的组织者、指导者和领航员的转变。

第七章 翻转课堂在会计教学改革中的应用研究

第一节 翻转课堂与传统课堂的对接

随着会计教学改革在全国范围内全面实施，尤其是素质教育全面深入推进，要求进一步培养学生的科学素养，满足全体学生的终身发展需要，在课程实施中注重学生的自主学习，在教学方法上提倡多样化。可见会计教学改革对教师提出了更高的要求和期盼。这就要求会计教师改变教育观念，改进教学方法，转变角色，促使学生由被动学习转变为主动学习。美国已经风行翻转课堂很多年，并且翻转课堂认为给"未来教育"带来了希望。因此，在当今互联网大背景下，国内许多知名教育家也极力在国内推崇这种课堂模式。然而，最终结果却不太理想，没有几家学校真正实施这种课堂模式，这不能不引人反思。

一、翻转课堂与传统课堂的教育理念碰撞

（一）翻转课堂难以据脱"应试教育"机锁

我们都知道，传统的会计教学模式已经不能适应当今教育改革的要求。教学改革要求学生学会自主预习、自主探究、自主总结，同时，形成良好的学习习惯和思维习惯；要在教师的指导下，具备自主探究的能力以及体验对科学概念和科学规律的探究过程；要在具体的学习中养成实事求是的求知态度，认识到实验是检验科学真理的方法，具备学好科学文化知识将来为祖国做贡献的崇高理想。然而，实际课堂情况却依然是以老师为主体，学生被动地接受课堂知识，教师不顾学生是否理解其中含义，只是单纯机械地灌输所学知识，忽略课堂中学生的主体地位。大学会计教学改革所要求的内容，很多不能体现在实际课堂教学中，许多教师仍然固守着之前传统的教学思想和

方式。许多学生家长过分看重学生的考试成绩，忽视学生综合素质和能力的培养，于是各种会计考试成了教学的指挥棒。这种情况可能导致学校和教师不考虑学生的全方面发展和终身发展，一味追求会计资格证通过率，会造成会计课堂教学仍以知识传授为重，教学模式死板，缺少创新，对于学生的作业只注重量不注重质，这就使学生的知识接受创新能力和自主钻研探索能力得不到应有的开发。因此，改变这些传统的教学模式和思想迫在眉睫，否则，不仅是翻转课堂这种形式，任何创新型课堂形式都很难得到实施，教学改革的要求就难以达到。

（二）翻转课堂要求革除传统教育观念与会计教学方法上存在的弊端

由于长期受应试教育的影响，很多教师在教育观念、教学方法上均存在着弊端，这不仅不利于教师的专业能力的提升和长远发展，而且阻碍了学生全面、健康地发展。这些弊端主要表现在：

首先，教师把教学单纯地看作一种教育手段，教学只是作为传递知识的工具，这就有很大的局限性，忽略了对教育本质的追求，忽略了最终的目的到底是什么，只是单纯地强调这一手段。

其次，教师把"教"与"学"看得太过简单。"教"就是单纯地教给学生书本上规定的特定知识，单向地对信息进行传递；对于"学"的理解，也只是认为学生就是死板接受课堂所灌输知识的机器，接收到了就好，并不在乎学生有没有充分理解。

最后，传统的教学模式丝毫不在乎学生在课堂中的主体地位，限制了学生自主学习和主观能动性在课堂上的发挥，学生的课堂体验差，缺乏同学之间的沟通交流。这样，课堂教学就受到了严重影响，教师往往把复杂的教育活动简化为"教书"，似乎把书本上的知识传授给学生就是教育的真谛。这种观念给这些教师带来一种错觉：教师的职责在于"教书"，教得越卖力，对教育事业越忠诚。

基于此，在相当多的传统教学模式下的学校中，依然流行着死记硬背的学习方法和机械灌输的教学方式，阻碍了学生人格的健全发展，使学生成了应试的机器。这样的教育已经与教育最初的目的相悖离。

翻转课堂这种新兴的会计教学模式，首先要求教师改变原来的教育观念，教师是否愿意改变、能否改变，是必须解决的关键问题。这种教学模式还要求教师具有一定的信息技术素养，这样才能录制微课、编辑视频等，如果想要做得更好，还可以做专题网站、开通博客等，这无疑要求会计教师具有更高的教育技术能力。会计翻转课堂对教师的综合素质要求很高，教师要有海纳百川的胸襟进行自我充实,要有足够的经验和气场把控和调节课堂的节奏和课程的进度,要有足够宽阔的视野来引导学生探索更广阔的世界。

二、翻转课堂与传统课堂的对接

（一）学校作息时间安排问题

翻转课堂与传统教学会计课堂不同的是,对于学生课后学习的时间要求比较多。因此,学校需要针对此调整给学生留出更多的课后时间。翻转课堂要求老师给予学生充分的课余时间,使学生能有足够的时间自己安排学习。如果学校不要求上晚自习,教师要避免留过多的作业,而应留给学生更多的课后时间观看学习视频,进行更多针对自身有缺陷的练习。如果学校需要上晚自习,那么,教师在课堂中也不要布置过多的课上内容,而要留给学生更多的时间对翻转课堂的前期环节进行准备。

（二）学科的适用性问题

国外的翻转课堂目前大多应用于理科类课堂中。理科课程的学科特点有利于实施翻转课堂模式,因为理科课程大多只需强调一个固定的公式或者实验等,具有明确固定的知识点。那么,翻转课堂实施时就要灵活的针对其他不同的学科、改变不同的策略教授给学生知识.

课后学生的反馈要及时接收,推进教学改革。

（三）教学过程中信息技术的支持

信息技术作为推行翻转课堂实施重要的手段和技术支持。它的重要性体现在方方面面。

比如,老师制作课件需要信息技术支持;学生在家自主学习课件需要信息技术支持;构建互动化的学习环境等都离不开信息技术的支持。

学校在开展在线教育时受很多方面的影响,其中影响较大的两个因素是宽带和网速的问题。受这两个因素的影响,学校应配置高性能的服务器或者增加宽带接口,来更好地进行翻转课堂的实施,有条件的学校实现校园 Wi-Fi 无死角覆盖等。至于课后学生对于计算机硬件的需求,通过计算机自主学习时,学校应该尽力提供相应的硬件设施支持,如学校机房的学习时间可以延长到课后,做到让学生在校园内随时可以进行网络学习。

学生在课后课堂中会观看教学视频,因此,其质量的好坏直接影响着学生的学习效果。教学视频的制作离不开专业技术人员的帮助和支持,不管是从前期制作还是后期剪辑,另外,针对不同学科,教学视频也应采取相应的设计风格。如果学校要推行翻转课堂，那么，需要在技术上对授课老师给予支持帮助，从一开始视频制作就进行总结整理，形成一套完整的流程，方便日后的教学视频制作。

最后一个对翻转课堂能否顺利进行实施有重要影响的因素，就是老师与学生和学生与学生之间的互动交流。利用网络信息技术我们建构网络教学平台，实现学生在一个个性化与协作化的环境中学习，并且在这个教学平台上，学生还可以依据自身的学习能力和需求定制学习计划，教师可以根据学生的反馈设计不同的教学策略。

（四）对教师专业能力的挑

教师的专业能力在翻转课堂的推行中有着很大体现与影响。教师在课前需要准备教学视频，教学任务设计，还要对课堂教学时间进行调整，制作课堂小活动等，在课堂中还要对学生答疑解惑，鼓励学生团结合作，这些都是对教师专业能力的巨大挑战，并影响着教学结果。因此，加强对教师能力的培训与提升有助于推进翻转课堂的实施。首先，是促进教师教育观念的转变和教学理论水平的提升，提高教师的教育专业研究能力，从而促使教师能够在教学中贯彻学生作为课堂主体地位的思想，充分了解每个学生的个性，并提供相应不同的指导。其次，是加强对教师信息技术素质的培训，通过这些信息技术素质的培训，还有相关人员的帮助，教师能够独立制作出活泼有趣的教学用视频，并且能够用生动幽默的语言讲述出来。同时，在网络教学平台中，学生需要教师来对其进行积极的引导，加强师生之间的交流互动。学生提出问题，教师答疑解惑，在这一过程中学生的积极性被充分调动起来，教师还需要根据不同学科来设计不同的课堂活动。

（五）对学生的自主学习能力和信息素养的要求提高

学生的自主学习能力，对于翻转课堂的实施也有很大的影响。比如，学生自主学习完教学视频以后，对课堂知识有了部分理解，可以完成一部外课前练习，遇到不会的问题可以通过互联网搜寻资料，并将这些问题总结出来，之后在实际课堂中请老师或者同学讨论回答这些问题。这些对于学生的自主学习能力和信息素养有很高的要求，如果学生不具备这些能力，那么，他无法清楚自己在课前有哪些不懂的问题，并且对于自己的学习时间，无法做到合理地安排，具备了较强的自主学习能力，才能通过学习视频自主学习。因此，我们说学生的自主学习能力和信息素养，对于翻转课堂能否顺利实施具有很大的影响。另外，学生对于教材是否做到充分理解，对于教学视频是否能自主观看，如何高效记笔记，如何找到自己存在的不足，并且是否能够做到与同学之间交流合作学习等，都对课堂的实施有相当大的影响。

（六）教学评价方式的改变

传统纸质教学评价方式已经不能适应评价当今会计翻转课堂中学生的学习效果。翻转课堂对于学生的各项能力都有要求，如学生的合作能力、组织能力、表达能力等。因此，在翻转课堂中要想对学生的学习效果有一个全面的评价，就需要教师构建一个新的评价体系。在对学生的评价中，多对学生进行过程性和发展性的评价，注重对学生的情感、态度和价值观等方面的评价。当然，评价方式的改变需要学校在政策上的支持。

三、翻转课堂过程中教师角色转变

翻转课堂中教师的角色也与之前传统会计课堂中的角色发生了变化。

之前，教师只是单向地将知识传递给学生而忽视了学生的主体地位，在如今的翻转课堂中，教师需要充分了解学生的学习需求和程度，尊重学生的主体地位，帮助学生自主地学习知识。当学生在自主学习过程中，遇到不懂的问题，教师需要及时进行答疑解惑，因此，在这种教学模式下，教师不再是高高站在讲台上的单向知识传递者，而是变为了学生旁边的辅导者。

传统的会计课堂一直沿用传统的授课方式，老师在课上教授知识后，给学生布置课后作业，留给学生回家完成。这一过程中，教师就是知识的代表，学生通过教师的教授和传递获得知识。教师作为传授知识的主体地位，不可或缺，即使是留给学生完成的作业也只是为了巩固老师在课上讲授的内容，教师的教这一步骤在教学中占据着首要位置。相对于传统课堂内听讲的过程，学生做作业的过程，是在教师指导下被动学习过程的延续，是为巩固课堂学习而采取的辅助性的教学活动。

而在开创翻转课堂事业的亚伦和伯格曼眼中，却看到了一种教育中独有的现象，那就是在教师与学生的教授过程中，并不是在课堂中学生最需要老师的帮助，而是在学生独立完成课后作业遇到疑惑的时候，最需要教师进行指导帮助。他们发现的这一现象，大大颠覆了传统的教育模式跟理念。这一发现也引发了疑问，在课堂中到底是对学生继续知识讲解，还是引用新发现中学生最需要老师的时刻进行作业布置指导呢？基于这一教育发现及对学生学习的新认识，这两位化学老师更加坚信翻转课堂教学模式的合理性和重要性。

做作业的过程是学生主动吸收和内化知识的过程，在这个过程中，学生会暴露出各种各样的个性化问题。因而，这是发现学生个性化学习问题和需要、给予学生个性化指导的重要时机。如果学生的作业是在家里完成的，那么，遇到困难时只好求助家长或者同学，但并不是所有的家长都能够胜任辅导孩子学习任务的。在传统的模式下，孩子做作业的过程中，是比较难以得到老师个性化帮助和支持的。会计翻转课堂则有利于实现这一目标，即教师对学生学习的个性化指导。

会计教学翻转模式下，突出强调学生自己对其学习过程和结果负责任，学生是学习的主体。学习是学生自己的事情，只有当学生积极从事学习活动时，真正的学习才会发生。视频录制时，需要教师采用一对一的风格给学生讲解知识；课堂内，教师不再是知识传递者，也不是发号施令者，而是基于课程标准和学生学习实际情况，对未达标的学生给予帮助，保障其学习达到要求即掌握的程度。而对于要求学得更多更好的学生，则提供相应材料，提出更深层次的问题，并且当他们在探究过程中遇到困难时，进行应有的指导和辅导。

正如翻转课堂的发起者亚伦所言："翻转课堂最大的好处之一，就是全面提升了师生间和生生间的交流互动。由于教师的角色已经从内容的呈现者转变为学习的教练，这让我们有时间与学生交谈，回答学生的问题，和学习小组一起讨论，对每个学生的学习进行个别指导。当学生在完成作业时，我们会注意到部分学生为相同的问题所困扰，我们就组织这部分学生成立一个学习小组，给予相应指导。"

四、翻转课堂的教学要求

和西方的翻转课堂教学模式相比，在我国课堂内教师的指导有所不同，我国教师对学生的指导是基于国家教育方针、基于课程标准的。基础教育阶段学生的学习主要有两种类型：一是基于兴趣导向的学习，即根据学生自身的天赋、爱好和特长，从事自己喜欢的学习项目，学习程度也因人而异；二是基于标准的学习，它根据国家、民族与社会发展对人才的要求确定教育标准，然后再把这一标准转化为各年段课程标准。这一标准是对学生的基本要求，每一位学生学习的活动主要是为了达到标准的要求。相较而言，传统上，西方比较重视学生基于兴趣的学习，而我国则比较重视基于标准的学习。

因而，在我国的会计翻转课堂内，在突出学生学习主体地位的同时，教师对学生的指导或辅导，更需参照课程标准（知识与技能、过程与方法、情感态度价值观）的要求，更需要参照往年对学生考试的要求。这样的模式被亚伦和伯格曼称为"课堂翻转的掌握模式"。正像前面所提到的，我国不少学校在翻转自己课堂时，同时使用导学案或任务单，就是这方面的表现。

随着我国大学会计教学改革的发展，我国高校对学生个性爱好与兴趣特长的发展给予了越来越多的重视。

五、翻转课堂的主要任务

根据当前我国课程教学评价的要求以及学生学习的实际需要,翻转后的课堂内,教师个性化指导的活动,主要有以下几种类型。

(一)巩固强化

我国还属于基础教育的阶段,因此,当前的主要任务就是使学生接受理解知识。学生在课前自主通过教学视频预习课上要学习的知识。如果学生在这一预习过程中有不理解的知识点和内容,那么,教师在翻转课堂中的首要任务就是指导学生不理解的知识点和内容,并对知识点进行巩固和强化。

目前许多学校对学生巩固知识的方式仍然是在课前给学生发放导学案或者预习资料。预习资料上给学生明确规定了课堂目标,课堂重点知识点,还有根据课堂内容制定的课后题等。学生在观看教学视频进行课前预习时按照预习资料上规定的内容就可以,在完成观看对课堂内容有了了解之后,完成预习资料上留的课后题,包括选择题和批判性思考题,选择题容易在网上直接判阅,然而思考题属于客观题,在网上直接批改不太方便。老师批阅这些预习资料的完成情况,可以更好地了解学生对课堂内容的理解情况,从而对课堂时间比例进行调整。在课前了解学生的学习情况这在以前很难做到,然而,在如今互联网大数据时代已经变得不难完成。

(二)系统梳理

学生在观看教学视频学习时,得到的只是较为零散的知识点,因此还需要教师在课堂上对学生掌握的知识点进行总结梳理,使学生对于知识有一个系统的理解,帮助学生更好地消化理解所学内容。

特别是在学习完一整个单元的内容时,此时更需要教师对学生本单元学过的内容进行复习巩固,这对于学生系统化的认知很重要。学生对所学内容有了系统的把握后,明白了重点知识点在哪里,并且能够找到各知识点之间存在的联系,这对于学生整体把握知识脉络,构建系统的知识体系有很大的帮助。

(三)拓展加深

有的学生整体水平相较其他学生可能更高一些,这就需要教师再额外针对这些学生准备一些更有深度的问题和学习内容。国外也有这样的实践例子,将这些水平较高的学生集中起来,分到同一个小组或者同一个班级,进行统一有针对性地授课，满足其进一步探索的欲望，对其进行深层的拓展，这也是翻转课堂推行的一种"实时走班"或者"及时分组"的教学形式。

（四）探究创新

在当今社会，探究创新意识似乎被提到的次数越来越多，因此，学生要培养探究创新的意识不可或缺，尤其是进入社会以后，对这点要求会越来越高。然而，探究创新意识的培养是一个漫长的过程，需要大量的探究时间。这对于传统的会计课堂来说是很难做到的，因为在传统课堂中，大部分时间都交给了老师来教授课程，其余时间用于学生巩固练习，可以用来探究的时间已经很少。只有偶尔在公开课上，或许会有一点时间留给学生进行探究活动，平时的机会则少之又少。

而在会计的翻转课堂中，学生则有更多更充分的时间进行探究活动。因为事先对课堂内容进行了学习有了初步了解，所以在课上，学生可以针对特定的问题，小组间或者同伴间讨论合作完成，这些都属于探究创新活动。

在翻转的会计课堂内，因学生事先学习了知识，了解了相关材料和事实，课堂内主要的活动是完成作业、解决问题或从事探究等。因而，相比较传统课堂，翻转的课堂内，学生的活动较多，师生之间、生生之间的交流研讨较多、学生的发言和展示较多；在教师引导下，学生可从事不同的学习活动，课堂氛围比较活跃。这样的会计课堂，初看会感觉有些乱，不像以往的课堂秩序井然。但是，课堂内，只要学生在从事真正的、积极的学习，只要学生在课堂结束前能够证明自己掌握了所学内容，就是成功的课堂。反而，这看起来有点"乱"的课堂，恰恰是课堂内充满活力的一种表现，是学生真正学习的一种表现。

当然，对于这样有点"乱"的课堂，新任教师会有些紧张，感觉难以驾驭。确实，翻转的课堂管理，对教师提出了更高的要求，要能够引导学生真正学习，对学生的不同问题给予相应的解答或者回应，仅要求学生"坐着不动，站起来发言"是不够的。

第二节 会计教学实施翻转课堂的必要性和可行性

翻转课堂为会计教学模式的改变带来了新的契机，它将知识的传授与知识的内化进行了翻转，为提高学生自主学习会计的能力，激发他们的学习兴趣、提高学生学习效率等，在会计教学中实施翻转课堂并非是简单的随意联想，高校实施翻转课堂有着一定的必要性和可行性。

一、高校会计课程实施翻转课堂的必要性

（一）适应教育信息化发展的需要

自 1994 年至今，随着互联网技术和计算机科技研发与应用的发展，我国教育信息化水平也在不断提高，现代信息技术在教育领域的作用不言而喻，而翻转课堂作为一种教育信息化发展的成果，从一定程度上改变了人们对"知识传授"与"知识内化"的传统理解，激发了人们开始对人才培养的创新模式探索和教育模式的改革。国家教育部先后从《教育信息化规划（2011—2020）》《国家教育技术计划》两个文件对我国未来的教育信息化进行了计划式地推进规定。总的来看，在教育信息化的发展大趋势下，翻转课堂作为一种新的人才教育理念，对人才培养的学校提出了新的要求，为了适应这种需求，高校已经开始以应用型人才培养为主，以教育信息化为基础，不断探索人才的教育方式，翻转课堂在一定程度上则满足了高校的这种需求。

（二）对当代课程改革回应的需要

何种教育是最符合人类认知规律的教育？何种教育才是提高教学效果的教育？这些都是教育者在不断探索的问题，也正是因为有了探索，所以才有了不断的课程教学改革，"翻转课堂"本身也是一种课程教学改革，与传统教学不同，翻转课堂"先学后教"更符合人类的认知，这是因为"翻转课堂抓住了学生最困难与最迷惑的时候"。高校所培养的人才是应用型人才、技术型人才，但是高校的教育模式往往沿用的是以"教学为中心"的培养模式，学生在学习过程中处于被动接受的一方，很多研究结果都表明，这种传统应试教学模式并不符合学生的个性化发展和创新能力的提高，这就需要高校应该及时调整人才培养方式，积极面向教育信息化来改革课程教学。

二、高校会计课程实施翻转课堂的可行性

（一）翻转课堂能够满足会计教学要求

从会计课程性质来看，课程的实践性、理论性以及操作性都很强，在会计课程中引入翻转课堂理念，将教学时间重新进行分配，将网络学习与课堂学习有机地结合起来，将课堂学习延伸到学生的业余时间，课程学习不再受时间和空间的限制，使教学资源得到了高效的利用，如在这种模式下，课程教学可以分为课上与课下两个阶段，课上教师是讨论的组织者和作业的辅导者、讲解答疑者；课下是学生自学的阶段，学习内容主要来源于教师的课件、

搜集的教学资源、发布的教学任务和教学视频等。而课堂则成了学生与教师的互动场所，教师可以有更多的时间观察、引导和帮助学生。

此外，翻转课堂可以避免课程教学流于形式化和程序化，学生在翻转课堂中通过各种仿真实训操作训练，让他们有了更多的实训操作的机会，而学生的知识建构也正是在这种实训实践的过程中生成的。

翻转课堂能够进一步提高师生之间互动的频率，对于教育者来说，翻转课堂为师生之间搭建了一个很好的互动平台。在"互联网+"的大背景、大趋势下，远程教育、网络教育等都为教师与学生之间的课堂互动提供了时间保证，将自学放置于课外，课上在互动交流中解决问题，就是一种有意义的"翻转"。此外，翻转课堂颠覆了师生之间的地位，尤其是对教师来说，自上而下的灌输式教学不再适用于翻转课堂之中，在"翻转课堂"的理念指导下，教师放下自己的权威，走下讲台，走入学生之中，成了学生在学习中的指导者和引导者。在"翻转课堂"教学模式中，教师的身份更类似于一场比赛中的"教练"，与传统教学相比，身份发生了绝对性的改变。

（二）会计课程能够适应翻转课堂的教学特点

根据翻转课堂的特点，在会计课程的教学中，翻转课堂更适合于带有实践性、可操作性以及应用性较强的教学内容。会计课程其本身除了一定的理论性外，实践性和应用性等也比较明显，这些特征与翻转课堂的本质是十外契合的，这也为在会计课程中实施翻转课堂提供了可能性。在会计传统教学中，由于课时所限，多数教师都只刚好能够完成理论部分的讲解，在关于课程的实践训练安排上则相对较少，学生在学习会计课程时，由于缺乏对会计实务的经验积累和基本认识，再加之个人的生理（年龄较小）等原因，他们对会计基本理论和方法很难充分理解和掌握，过多的理论教学则会影响到课程的实际教学效果。在会计课程翻转课堂实施中，主要分为课上与课下两个阶段。课上教师是讨论的组织者和作业的辅导者、讲解答疑者，而课下是学生自学的阶段，学习内容主要来源于教师的课件、搜集的教学资源、发布的教学任务和教学视频等。通过此种方法，有助于改变传统教学模式下课时不足、学生自主性不强等问题，对教学效果有着非常重要的促进作用。

三、会计课程实施翻转课堂的理论基础

（一）掌握学习理论

所谓掌握学习理论是美国学者布鲁姆基于对何为有效学习的思考逻辑基础上，提出的这一理论，主要是针对当时在学校中教师对学生"三分之一"

等分的预期理论的批判,布鲁姆认为这种预期在教学中是十分有害的,它固定了学生的身份,否定了差生难以自我改变的可能,这种预期不仅会削弱教师的动力,也会影响到学生学习动机,所以布鲁姆在"所有学生都能学好"的认知下,提出了旨在为学生提供个性化帮助的学习理论——掌握学习理论,该理论探讨了学习时间与学习者能力之间的关系,该理论强调学习者对知识的掌握来自两个层面:第一个是教师的教学效果(最佳教学),第二个则是学习时间。布鲁姆在他的实验研究中观察发现,并得出了只要"能够给学生提供最佳的教学和足够的时间,绝大多数学生都能掌握所学的知识(通常为知识内容的80%—90%)"。在布鲁姆看来,允许的学习时间、毅力以及教学质量是学生掌握知识的变量,在学生的学习程度中发挥着重要的影响,在这三个变量中,其中,学习时间的提法则与翻转课堂是不谋而合的。同时,学习时间也是会计课程十分注重的,因为会计的实务非常需要学习时间予以保证,它不是理论讲解可以代替的。掌握学习理论作为会计翻转课堂实施的理论基础,就要求教师要改变学生的"允许学习时间",而"翻转课堂"的教学模式则为掌握学习理论中提出的"允许学习时间"提供了一种实现途径。

在会计的传统课堂教学中,由于是大班集体教学,因此,教师很难在教学中顾及每一个学生的需求,很难做到因部分基础差、能力差的学生而放慢自己的教学进度,同时,也很难从时间上保证去回答每一个学生在学习中遇到的问题。而在"翻转课堂"的教学中,教师可以将课件和教学资源、视频放置于网络平台中,让学生依据自己的情况有重点地学习知识保证了"允许学习时间"。同时,学生可以自定学习进度,利用课下学习,课堂提问与探讨的方式,保证了知识掌握的可能。在翻转课堂教学下,学生对会计中的理论学习具有了个性化的特征,在这种模式下,学生的学习能力和学习速度等,不会成为影响学生学习程度的制约,反而学生有了更多的时间可以反复去学习(观看教学视频)。这种课下自主学习打破了传统教学模式在时间和空间上的束缚,保障了学生学习时间,从而在布鲁姆"掌握学习理论"框架范围内,让每一个学生(好学生、差学生等)都有了实现掌握学习知识的目标,帮助每一个学生获得提高,同时,也有助于实现会计课程的教学效率和效果。

(二)合作学习理论

合作学习理论最早可以追溯到20世纪70年代末期的美国,是指为了完成共同的一个学习目标,围绕该学习目标进行的合作互助性学习,在合作学习过程中,对于改善和发展学生的认知品质有着良好的作用。在合作学习过程中,学生的分配组合也是非常具有技巧性的,通常是将能力各异的学生进行分组与搭配，通过互助与外工共同完成学习任务，通过小组的整体成绩的提高，来促进小组中成员学习能力提高和知识的获取。合作学习必须要具备三个条件：第一，是小组成员的共同目标；第二，是合作学习目标的达成提高了学生个人的认知；第三，是合作学习除了提高了小组和个人的成绩与知识认知外，还有助于提高学生的非知识能力，如交往能力、合作精神、责任意识、竞争意识、主动学习能力等。在合作学习理论中，师生之间的关系可以诠释为教师主导，以学生为主体的全体式教学观念。教师主导就是以教师作为指导者而不是直接讲授者的身份出现在合作学习过程之中；以学生为主体，就是要充分尊重学生的话语权和对知识的看法，保证学生学习的积极性；全体式参与就是通过分组学习的形式，让每个同学都参与到任务目标的小组学习中，让每一个学生都能参与，都会参与，都可以参与。

从对合作学习理论的基本了解中，我们可以看出，合作学习的本质是一种全体参与的目标导向的实践，小组成员之间通过良性互动和相互讨论等方式来实现对学习目标的达成，在这个过程中，学习能力和成绩相对较好的学生，可以成为学习成绩较差的学生的直接帮扶者，从而实现共同进步的目的。合作学习理论改变了人们对传统师生关系的认知，树立了一种新的知识建构与学习体系，这与翻转课堂中提倡的讨论教学等理念不谋而合，翻转课堂主张在课堂上的学生讨论，将课下自主学习中的疑问带到课堂上来解决，从而实现学习的提高。因此，我们也可以从合作学习理论这一视角，来阐述和解释翻转课堂在提高学生认知和能力等方面的效用。

（三）建构主义理论

所谓建构主义学习理论，最早由皮亚杰提出，该理论是指学习者的知识获得是建立在定的情境基础上实现的，这种情境类似于"翻转课堂"中所提到的网络平台中的教学资源、视频资源等，在这种网络情境下，学习者不再通过教师的课堂进行知识的获得，而是自主的在教师构建好的情境下进行学习，利用这些教学资源进行知识的获取与个人提高。虽然建构主义强调的是情境学习，但是教师的辅助作用同样非常重要，建构主义学习理论同样认为教师是学生的指导者。建构主义学习理论的本质是在教师指导下的学生主体式自主知识建构的活动。建构主义学习理论之所以能够成为翻转课堂的理论基础，笔者主要是基于以下三种认识：首先，该理论强调的是学生对知识获取的自主过程，这与翻转课堂的知识内化过程相一致；其次，在建构主义学习理论中，师生在教与学中的作用与地位发生了改变，这与翻转课堂中师生关系"翻转"相一致；再次，建构主义与翻转课堂的效果发挥都对现代信息技术有依赖，受到现代信息技术的制约。作为翻转课堂的理论基础，建构主义学习理论中所提到的理想过程——"情境、协作、会话以及意义建构"在翻转课堂的过程中都可以被发现。

从整个"翻转课堂"的完整过程来看，其效果的实现必然离不开精良的"情境"设计，良好和有趣的情境会极大地激发和提高学生的学习兴趣，激发学习动机，从而让学生在轻松与饶有趣味的情境下获取知识；在"翻转课堂"中，"协作"与"会话"始终贯穿于课堂上的学习过程中，学生将课下通过网络平台自学到的知识与老师和其他同学互动讨论，在发表自己的观点和听取他人认识的"协作""会话"中丰富自己对知识的理解，从而达到自己对知识的意义建构。"翻转课堂"的这种教学过程，真正的体现出了建构主义学习理论的教学模式。

第三节 基于翻转课堂的会计教学过程设计

本节试图利用翻转课堂教学模式，以"存货期末计价"为例，讲解翻转课堂在会计教学过程中的具体设计，从而激发学生学习自主性和积极性，在掌握理论知识的同时，增强实务应用能力。

一、加强课前教学材料设计，做好翻转课堂教学基础工作

传统的会计教学模式通常要求学生们课前对课本进行预习，然而会计专业的教材一般都是老教材，内容单调枯燥，学生预习课本的话很快就会失去积极性，效果并不理想，学习效果反而会适得其反。因此，要想提高学生的学习效果，剔除教材中枯燥冗杂的信息很关键，并制作学生感兴趣需要的内容，提高学习效率。

翻转课堂需要教师在课前就提前准备好教学用的电子材料，教师在选择材料的时候一定要谨慎并专业。因为，这些材料是要用来给学生日后预习用的资料，学生将通过这些材料了解接下来学习的形式和内容。教师在选择制作这些材料的时候，一定要考虑到整个课堂流程。制作的电子预习材料既要包含学生需要了解掌握的基础知识，又要有拓展的案例供学生去了解分析，为后来的课堂展开做好铺垫、打好基础。

翻转课堂在技术层面常用的教学材料一般是微短视频。这些微视频一般时间不超过十五分钟，虽然时间不长，但是具有较强的针对性，质量较精；学生们也很方便在网上将其下载下来，因为微视频容量不大。但由于在我国翻转课堂还没有大范围地在各高校实施开展，所以有关会计教学的网络视频

不是很多，就算有，也是时间较长内容较为广泛的质量欠缺的视频，因此，这就需要会计老师亲自制作这些微视频。制作微视频可以采用屏幕录制捕捉软件，加以PPT辅助说明内容，最后加上教师对知识点讲解的录音就可以了。

二、完善学生自主学习信息反馈机制，科学制作课堂教学案例

翻转课堂的设计需要遵循动态课堂资源的理念，才算是设计较好的翻转课堂。不像传统课堂，翻转课堂并不以一个既定的目标去进行教学，而是以一种动态课堂的理念，根据课堂实际情况、教师与学生的互动情况，自由灵动地进行教学，因此，教学目标是一种动态发展着的目标。在这一过程中，随时有可能产生教师意想不到的新问题。在课前预习的过程中，学生将自己遇到的问题以邮件或者微信等形式发送给老师，老师了解问题后可以及时调整课堂内容。

以"存货期末计价"为例，由于学生在自主学习过程中，已经基本掌握了存货期末计价的基本知识点，对于教师提出的拓展性问题，学生在网上进行了资料搜寻。因此，教师需要针对学生更为关注的情景和事件做进一步教学案例设计与讨论。比如，针对教师提出的确定存货期末价值对于哪些企业来说困难较大？

三、建构课堂情境，引导学生互动学习

翻转课堂模式下的课堂强调以学生为中心的互动式学习，教师在这个过程中充当帮助者和引导者的角色。与传统课堂相比，由于学生在翻转课堂的自主学习板块已经对基本知识进行了掌握，课堂时间则是对知识进行更加深入地学习，再度强化知识内化过程。知识是学习者在一定的情境中利用个人经验与外界相互作用，通过主动建构而获得的。鉴于中级财务会计的实务导向特点，教师可以根据企业具体业务流程和现实商业环境中的案例，来构建真实商业环境的课堂情境。比如，采用角色扮演法让学生扮演企业某一业务涉及的角色，模拟实际的业务处理流程，完成实物流转和单据流转，让学生对实际工作有更加深刻地了解。

四、综合评价教学效果，总结提升教学内容

翻转课堂的实施想要达到一定的效果需要一个很长的过程，效果是在长时间的实践中积累出来的。以前学校对教师和学生的评价都是以一个学期为周期，学期结束后教师学生对彼此互相进行评价。而在如今的翻转课堂中会采用全新的评估模式，以每一堂课结束为周期评价一回，老师在上完课后对

自己有个评价，发现自己哪里做得不太好及时进行纠正改进，同时，对学生在课堂中的表现也要进行一个评价，这样一来会更加具体细致化。翻转课堂教学效果评价可设计教师表现和学生表现两个维度实施评价过程。

在以过程为导向的考核中，课前自主学习的反馈环节、小组内部讨论的课堂记录、小组推选成员展示的课堂记录，都可以作为学生学习成绩的重要依据。教师可以在课程开始的时候向学生说明课程的考核形式，让学生跟着教师的教学理念走，以更好地保证教学效果。目前，我国会计课堂对翻转课堂的实施刚刚开始，对于教师而言，适应这种新的课堂模式是一个不小的挑战，需要教师根据新的模式和学生的知识接受程度，调整之前的授课方式和教学内容。要做到这点，就需要教师们摒弃之前一些旧的教学观念和方法，依据翻转课堂要求的新理念新方法来教授学生知识，并在不断地教学实践中，运用各种技术手段提升自己的课堂教学效果。

第八章 教师职教能力培训的探索与实践

第一节 职教能力的培训与测评

高职院校要提高教育教学质量，就必须开展教育教学改革。深化教学改革的关键及核心在于教师"教育大计，教师为本"。高素质的教师是高职院校开展一系列教学改革、培养高端技能人才等工作的前提和基础。教师职业教育教学能力（简称"职教能力"）是衡量一名高职教师的基本标准，是指教师在教育教学活动中完成教学任务应该具备的各种能力的总和。其具体包括职业道德能力、教育教学能力、动手实践能力、教学反思能力、改革创新能力、科研探索能力、组织管理能力、指导学生就业和心理健康能力等。既要拥有教师资格证书，又要有专业技能资格证书，是对职业教育教师的基本要求，这种"双师素质型"要求职业院校教师除了具有专业知识、职教知识，还要通晓行业知识、技能和技术；除了具有传统的教学能力之外，还应掌握本专业领域的职业实践能力，特别是应具有与技能型人才的职业实践能力直接相关的技能。

一、提高教师职教能力的意义

（一）通过职教能力培训与测评转变职教理念

随着国家对高等职业院校人才培养工作水平的深入推进，推动体制机制创新，深化校企合作、工学结合，进一步促进高等职业学校办出特色，全面提高高等职业教育质量，提升其服务经济社会发展能力，成为各高职院校的自觉行动。但教学改革不是某个教师或者某个部门的事情，而是全面、整体性的改革。教学改革，理念先行，教学改革首先要解决的就是理念问题。河源职业技术学院是河源市唯一的一所高校，担负着为河源工业化发展培养高端技能专门人才的使命。工商管理学院坚持以就业为导向、能力本位、面向市场、服务地方的宗旨；坚持以质量为生存、以特色寻发展、以管理求绩效，走产学结合的发展道路。经过多年的实践与学习，全院上下转变了思想，更新了观念，基本形成了以下共识：一是高职教育必须具备"高等教育"和"职业教育"有机结合的特色；二是构建服务于行业、服务于地方社会经济建设的有特色的专业格局；三是工学结合是高职教育的基本途径和发展的必由之路；四是高职教育必须坚持和体现"以学生为主、以能力为本位"的教育理念。

（二）通过职教能力培训与测评改革教育教学模式

目前高等职业教育已由规模数量发展进入了内涵质量发展的阶段，教育教学改革伴随着职业教育发展的整个历程。高等职业教育区别于其他高等教育的特征是"职业性""实践性""技能性"。通过教师职教能力培训与测评，改变"重模仿轻创新，重理论轻实践，重技术轻人文"的教育教学模式，就显得非常必要。通过职教能力培训与测评，可以让教师在以下几个方面得到提升。

1. 职业实践能力

职业实践能力即企业技术应用能力。因为受传统教学模式影响，多数教师习惯以填鸭式、灌输为主的教学方式，学生动手机会少，师生互动缺乏，学生处于被动学习状态。通过教师职教能力的培训与测评，确定行动导向教学模式和"6+2"的课程设计原则。教师要能应用职业领域的操作技术、操作规范独立完成一项完整的工作，并能将新技术传输到课堂上，在实验、实训、实习中进行示范操作和指导学生实践，提高学生的职业实践能力。

2. 职业创新能力

要培养创新型人才，首先要求教师创新。教师自身是否具有较强的创新能力，对学生创新能力的培养将产生决定性的影响。河源职业技术学院在创办之初，对高职教育认识不够深入，在教学手段、教育内容、课程设置、教材选用等方面多是参照中专、专科或者其他本科院校的做法，没有形成紧贴市场需求的办学定位和创新教育手段。通过教师职教能力的培训与学习，在充分研究和分析的基础上，结构和重组课程体系，有效地巩固学生的专业基础知识和发展学生的创新能力。

3. 注重职业素养

职业素养是指职业内在的规范、要求以及提升，是在职业过程中表现出来的综合品质，包含职业道德、职业技能、职业行为、职业作风和职业意识规范。高职院校在面向社会发展要求开展各级各类技能培训和实践教学的同时，还应该加强人文教育。注重技术教育与人文教育相融合，促进学生的全面发展，使之成为既具专业技能，又有职业素养的高端技能型人才。通过教师职教能力的培训与测评，在课程教学中注重职业道德和人文素养的渗透。

（三）通过职教能力培训与测评优化师资结构

高职院校师资结构是指教师队伍中教师本身条件要素的构成比例及其相互联系。我国高等职业院校90%以上都是由中专、技校升格或合并升格而来的，在转型过程中，有些专业课程教师是由文化课教师转行而来，专业适应性不强，教师底子薄弱；还有许多老师是刚从高校毕业出来的，从学校到学校，对职业教育缺乏认识，这样的师资团队存在结构不合理、缺乏企业工作经历和背景、实践能力不强等问题。就河源职业技术学院工商管理学院情况分析，刚毕业的具有硕士学位的新教师偏多；从职称结构看，副高级以上职称教师比例偏低，整个教师队伍职称结构呈梯形分布，专业带头人和骨干教师比较缺乏，学术梯队尚未形成；从年龄结构看，年轻教师比重较大，工作经验及实践经验有待积累。既有高校工作经验的高职称教师，又有企业管理经验的高技能实用型人才尤其紧缺。通过职教能力培训与测评，结合校内外各种培训，提高教师的实践教学能力，改善教师队伍结构。

二、高校职教能力的内涵与外延

（一）高职教师的能力要求

职业教育与普通高校教育在人才培养目标、办学定位、办学理念及教育教学模式方面有很大差异。在基础教育和普通高等教育中，一般将教学能力理解为教学设计能力、课堂组织与实施教学能力。而对于高等职业教育来说，教学组织形式是丰富多彩的，实践教学是高等职业院校最重要的和基本的教学组织形式。这就使得对高职教师的能力、知识和素质要求不同于普通高校教师。

1. 高职教师偏重于实践能力

普通本科院校培养的多是学术型人才，而职业院校以就业为导向，以培养高素质技能型人才为重点。由于职业教育与普通高等教育人才培养目标的不同，导致高职教师与普通高校教师的能力结构存在差异。高职教师必须具有从事本专业岗位的能力，才能开发基于职业活动过程、工作过程的课程，才能强化与企业、社会的紧密联系，并为企业提供技术服务。因而在实践能力方面，高职教育对教师的要求高于普通高校。

2. 高职教师偏重于应用知识。

普通高校以学科为导向、以知识为目标、以逻辑为载体，这就要求普通高校教师必须具有系统的专业及理论知识，学科知识结构具有完整性、系统性和理论性的特点；而高职教育培训的是面向市场的高端技能型的企业人才，因而高职院校多以职业活动为导向、以能力为目标、以学生为主体，开设理论知识和实践一体化的课程。这要求高职教育教师必须具备掌握专业理论知识的能力、掌握与该专业相关的职业工作过程知识的能力、掌握职业教育教学论与方法论知识的能力、掌握职业教育教学过程知识的能力。并能在教学过程中将"系统理论知识"改造成"系统应用知识"。

3. 高职教师偏重于团队合作。

高职教育的主要目标就是培养高素质技能型、应用型人才，素质全面、技能突出是其重要特点。高职教育不仅要重视理论知识教育，同时又要通过工学结合、校企合作、顶岗实习等方式，培养和提高学生的实际操作能力。高职教师需要更多地面向社会，与企业沟通交流，合作开发课程、教材等，这使得高职教师必须具有协调组织开展校内外实践教学的能力。

（二）高职教师教育教学能力构成分析

高职教师教学能力不仅包括专业理论知识、教育教学能力，更重要的是有实践经验、操作技能以及课程开发能力。这些能力综合表现为胜任能力，如图9-1所示。

1. 专业能力

高职教师必须具备应用专业理论知识，具有从事本专业工作岗位的能力，更要具备将"系统理论知识"改造成"系统应用知识"的能力。

2. 教学能力

高职教师应具备的教学能力包括：学情分析能力，也就是对高职学生基本情况了解分析的能力；教学组织能力，在课程实施过程中"以学生为主体""以能力为中心"有效组织教学；教学设计研究能力，能以工作过程系统化来设计课程，整合课程内容，开发课程体系。

3. 实践能力

实践能力是高职教师应具备的基本能力，是区别于普通高校教师的根本特征。高职教师不仅要有系统的专业知识及理论知识，还要具有较强的实践能力。

4. 课程开发能力

高职教育课程没有相对统一或者固定的国家标准，是各高职院校根据人才培养目标和相关技术领域职业岗位的任职要求为原则自主开发的。这就要求高职院校教师必须具备课程开发能力，根据技术领域和职业岗位要求，参照职业资格标准，与行业企业合作开发课程以及相关的教材等配套资源。

（三）高职教育教师的核心能力

高职院校培养的是高端技能型人才，高职院校教师在职业教育"教"与"学"过程中，不是简单的理论内容的传授，而是基于工作过程分析和归纳所确定的重要职业能力培养。"6+2"原则是"职教能力培养与测评"项目所依据的核心的教育教学理念。高职院校教师的职教能力中最基本、最核心的能力就是以工学结合为切入点，运用"6+2"基本原则开展课程教学设计和组织教学的能力。"6+2"原则中的"6"是指：

1. 工学结合、行动导向

行动导向是根据典型工作岗位的工作任务设计学生学习任务。课程设计坚持"工作过程"与"学习过程"相结合。

2. 突出能力目标

在课程设计中，明确该课程在整个体系中的地位，确定课程设计的整体目标，特别是课程的能力目标。

3. 项目任务载体

教师教学中以项目为载体，训练学生的职业能力。在课程设计中，教师选择、设计一个或几个课程的综合贯穿项目，作为训练学生职业岗位综合能力的主要载体。

4. 能力训练

根据职业能力培养需求，在项目下要确定若干个训练任务，用以训练学生的单项能力，注重学生的动手能力和实践能力。

5. 学生主体

学生主体的教学就是遵循学生职业能力培养的基本规律，最大限度地给学生创造情景、提供参与的机会，培养学生的动手实操能力、独立思考能力以及创新能力。

6. 知识理论实践一体化的课程教学

课堂教学坚持行动导向，突出学生实际动手能力的培养，做到理论与实践同步，在教学中实现"教、学、做"的一体化。"6+2"原则中的"2"是指：

（1）把某些课程的教学内容（如德育等）渗透到所有课程中去，也就是渗透职业道德。

（2）把职业能力中的核心能力（如语言、自学、交流、合作、解决问题、信息处理、创新能力等）渗透到课程教学中去，而不仅仅依赖独立的某门通识教育课程。

三、教师职教能力校本培训的探索与实践

（一）校本培训的意义

近年来，河源职业技术学院不仅加大组织选派教师分赴德国、新加坡、澳大利亚等国家，香港、台湾等地区以及深圳职业技术学院等国（境）内外优秀高职院校和机构进修学习的力度，还选派部分专业教师到河源高新区等企业一线接受培训。同时在政策制度上还相继出台了在职攻读硕士研究生、教师培养工程等培训措施。这些工作对加强教师队伍的建设，特别是对硕士研究生比例、副高职称比例的评估达标起到一定作用，但不少问题仍然使传统师资培训方式无法解决。主要表现为工学矛盾突出、培训价值不高、理论与实践脱节、培训机会不均等方面。与社会机构举办的培训相比，校本培训有无与伦比的优势，已经逐步成为高职院校教师培养的主流。

（二）职教能力培训与测评工作的指导思想及基本要求

按照高职教育对教师素质和能力的要求，以"6+2"为基本原则组织开展课程教学设计，以项目导向、任务驱动等教学方式深入推进"教、学、做"一体化教学改革，培养教师先进的职教理念，提高教师职业教育能力。

职教能力培训与测评工作的基本要求：

1.强调教师的主导性地位与作用。

教师职教能力培训中要求教师本人先做好课程设计，再与指导教师讨论、完善设计。

2.学校统筹，按需培训。

职教能力培训由学校自主规划、自行组织，结合实际教学中的难题，拟定教学培训内容。培训具体由二级学院实施、二级学院指派指导教师一对一培训、二级学院评委集中点评的运行机制，培训力量多来自学校内部。

3.注重教师"双师"素质和实践能力的提高。

职教能力校本培训完全按照高职教育对教师素质和能力要求，根据教师个体差异展开针对性和个性化培训，实现"在做中学，在学中教"，以此加强教师的教学理念，提高教学实践能力。

4.实现培训机会均等。

职教能力的培训对象是全体教师，建立和实施均等机会的培训，避免传统师资培训中机会不均等的问题。

（三）教师职教能力培训与测评工作的实施

2008年，河源职业技术学院启动职业教学能力培训与测评工作，历时三年，全校教师456人通过测评。2011年，为巩固培训测评成果，防止测评与上课两套做法的现象，学校又启动"回头看"的复评工作，通过随堂听课的方式，督查教师的教学情况、教学效果。2013年，学校启动第二次职教能力测评工作。强调课程设计中知识结构、技能目标和实践载体的结合。2015年，学校再次启动第三次职教测评工作，重点测评教师的课程设计及说课能力。

职教能力培训与测评的具体实施过程：参加测评的教师自选一门正在教授或者已安排讲授的课程，进行课程整体设计和单元设计，通过集中培训、指导教师"一对一"培训，反复修改参加测评。

第一、二次测评过程都是分三个步骤：5分钟整体设计说明，15分钟单元授课，并接受评委提问。第三次职教能力测评过程有所改变：10分钟说课程设计，10分钟说课例，并接受评委提问。教师在课程设计、反复点评、接受测评中转变观念，提高能力。目前，学校已经形成了职教能力培训测评与复评的常态化机制。

（四）课程整体及单元教学设计

职教能力培训的中心任务是通过培训，指导教师在课程整体教育设计和单元设计中落实"6+2"的基本原则，打破以教材单元为顺序的传统教学方式。课程整体设计和单元设计在教师职教能力培训与测评中是一项基础和中心任务。

1. 课程整体教学设计

（1）确定课程目标

课程教学设计首先要对课程的目标定位，包括能力目标、知识目标、素质目标。其中，能力目标是以职业岗位活动为依据，教师在分析职业岗位的基础上，了解工作过程和典型工作任务，然后归纳出职业能力。

（2）整合组织课程内容

在确立课程教学目标之后，教师应基于工作过程对原课程的内容和顺序进行改造。课程内容整合的基本过程是：教师首先基于工作过程对知识体系结构进行分析，然后对知识"序化"、整合并重构，针对行动顺序的工作过程环节来授课，使教学内容与实际工作需求保持一致，实现实践技能与理论知识的整合。以会计专业的"企业会计实务"为例，课程内容的组织安排以企业会计核算岗位分析为前提，以制造业生产经营过程中涉及的会计六要素为主线依次组织教学过程。教学实施以可测的训练任务为载体，同步融合知识体系与技能体系，帮助学生夯实理论知识与实践技能，课堂教学方法以任务驱动、案例教学为主，灵活使用角色扮演、情景模拟等其他多种教学法，尽最大可能调动学生的积极性，提高学生参与度。

（3）选择项目载体，设计训练任务

紧紧围绕职业能力目标的实现，选择一个贯穿整个课程的综合项目或者几个并列项目，作为训练学生专业能力的载体。在整体项目下基于工作过程设计若干子项目，再用若干小任务训练学生的单向能力。以会计专业的"成本会计实务"为例，测评老师以"河源市圣美灶具厂的成本会计实务"为综合项目，基于工作过程"归集—分配—成本计算—成本分析"依次进行教学组织，具体有成本对象的确定、费用要素的归集与分配、主要成本核算方法、成本核算辅助方法、成本报表的编制与分配5个子模块14个训练任务，每项任务都用以训练学生的某项能力，将职业行动领域的工作过程融合在任务训练中。该课程的第一个模块和第二个模块部分设计。

（4）教学过程一体化设计

第一，关注知识、理论与实践一体化，教、学、做一体化。在课程设计中，重点关注项目任务对学生能力的训练，在训练过程中对知识体系进行梳理，尽量做到知识、理论和实践并行。第二，课程考核设计。考核设计要求对学生全面考核和综合考核。用任务考核取代概念考核，以能力考核取代传统的知识考核，每个考核项目都有可测结果。第三，第一次课设计。第一次课对教学至关重要，一定程度上决定了学生对教师及课程的印象。第一次课设计时，要交代清楚教学内容、方法、手段、目标、考核方式、教学进度等。第四，突出整体性。测评老师整体设计理念体现在进度表中，评委可结合教学进度表对教师的整体设计进行考核。第五，教学资料。教学资料包括课程标准、课程进度表、课程教学整体设计、课程教学单元设计（教案）等教学文件，都是测评考核的内容。

2.课程教学单元设计

单元设计是课程教学的基础。课程的一个"单元"就是一个在时间上紧密相连的几个学时的子集。参加测评的老师根据"6+2"原则做好课程所有单元的教学设计。单元设计的内容主要包括单元课程目标、项目任务，以及设计课程内容导入、驱动、示范、归纳、展开、讨论、解决、提高、实训等过程。测评时要求教师任意选择一个单元的内容进行15分钟的授课示范，这是教师参加测评过程中必须完成的内容。

四、教师职教能力培训与测评成效

教师职教能力的测评工作重在培训，而不是测评。河源职业技术学院通过实施教师职业教育教学能力培训和测评，强化了内涵建设，提升了学校的核心竞争力。财务会计类专业教师通过职教能力培训和测评，更新了职业教育教学理念，提升了教学能力和实践能力教师职教能力，培训与测评初见成效，具体表现如下。

（一）促进了财务会计类专业实训条件的建设

职教能力培训的核心是以"6+2"为基本原则，实现"教、学、做"一体化设计，这就要求学校为师生教学提供更为真实的教学环境。为了达到这一目的，财务会计类专业教学团队积极向学校争取资金建设模拟仿真实训室，包括会计手工实训室、ERP实训室、企业模拟沙盘实训室、物流综合实训室和跨专业仿真实训室等，还添置了一批虚拟仿真的教学平台。

（二）提升了教师的职教能力

通过职教能力的培训与测评，强化了教师"教、学、做"一体化理念，以现代职业教育的先进教学观念为依据，各专业基于工作过程系统化开发课程，以"项目导向""任务驱动"等教学方式积极推进教学改革，使教师改变传统观念，提高教师认识水平和课程教学能力。职教能力培训与测评工作让财务会计类专业涌现出大批优秀教师，他们认真而严谨地设计了一大批优秀的课程教学设计，收到了较好的实施效果。从学生对教师的评价来看，财务会计类专业的教师获得学生的评价分数高于学校的绝大多数专业。

（三）提高了教育教学质量

通过职教能力培训与测评工作，课程改革效果逐渐显现。通过教学任务训练，增强了学生理论联系实际和动手实操的能力，课堂教学气氛活跃，学生参与度高。学校还推行以赛促学，以各种竞赛为切入点，强化学生实践与创新能力的培养。近年来，河源职业技术学院财务会计类专业学生参加各类技能大赛，成绩显著，共有500多人次在各类市级以上大赛中获奖。

第二节 双师素质型教师的培养

一、双师素质型教师的内涵

"双师素质型"教师是高职教育对专业课教师的一种特殊要求，即要求专业课教师具备两方面的素质和能力：一要具有较高的文化和专业理论水平，有较强的教学、教研及教学能力和素质；二要有广博的专业基础知识，熟练的专业实践技能，一定的组织生产经营和科技推广能力以及指导学生实践的能力和素质。

二、双师素质型教师能力培养与途径

从事高等职业教育的教师需具备相应的职业知识、职业能力和职业素质。方面要求高等职业教育的教师具有"教学能力"，另一方面要求其具备面向某一职业岗位群的"职业能力"。近年来，河源职业技术学院工商管理学院以"教学能力、职教能力"为基本点，建立了较为完善的双师型素质教师队伍的培养机制。

（一）借助学校平台对教师进行多渠道培训

1.通过职教能力培训与测试、教学大赛、说专业、说课程等方式培养双师型素质教师

已经形成常态化的职教能力培训与测试，不仅使得全体教师获得了先进的高职教育理念，并且熟练掌握了高职课程教学设计方法与技术，全面提升了高职教育课程教学能力与水平。为了使教师，特别是青年教师迅速成长起来，河源职业技术学院每年都要举办形式多样的教学大赛。通过参赛以及优秀选手的示范，越来越多的青年教师在自己的岗位上迅速成长起来，成为骨干教师。

为了巩固广东省高职院校示范性建设成果，河源职业技术学院在全校开展了"说专业、说课程"的测评活动，教师们对专业、对课程有了更深层次的认识，专业水平和教学理论都得到了提升。

2.通过课程改革、专业改革培养双师型素质教师队伍

为了提升教师在课程改革、专业改革方面的水平和能力，学校科研处每

年都会向全校教师征集教育教学改革和哲学社会科学研究课题选题内容，以此拟定课题申报指南，并组织学校教师进行申报。为了提升教师在课程改革、专业改革方面的水平和能力，学校和二级学院还不定期邀请校内外专家、教授举办各类讲座，对青年教师骨干教师进行教学改革和科研建设方面的培训，取得了较好的成效。课程改革、专业改革激发了广大教师的积极性和创造性，丰富了教师的理论知识。

（二）加强校企合作，提升教师职业实践能力

1. 产学研结合

产学研结合包括企业参与建设校企合作课程、校企合作项目、科研与开发技术等。工商管理学院鼓励教师结合专业教学改革承担科研项目教改项目，承担与专业相关的技术，开发应用研究项目特别是开发与企业结合的横向技术应用课题。工商管理学院的绩效考核指标对于为企业提供技术服务和培训的教师会给予一定的工作量核算。教师在参与这些产学研结合的项目过程中，不仅提高了的学术水平，同时还了解和掌握了行业企业的技术发展现状及趋势，促进了双师素质型教师的全面提高。

2. 教师下企业锻炼

财务会计类专业的教师可以利用暑假和日常教学之外的时间，到企业挂职锻炼，在挂职锻炼过程中，教师可以接触行业和企业的生产管理实际，为专业教学提供第一手资料。

3. 合作构建"双师结构"教学团队

聘请行业企业专家和专业技术人员、高技能人才担任兼职教师，承担实习实训技能等教学任务，为教师举办新技术、新设备、新工艺、新材料内容的培训班及讲座，有计划地安排专业教师下企业实践锻炼。目前，工商管理学院聘请的各行各业兼职教师近70人，在当前专职教师当中多数人缺乏实践经验的现状下，聘请兼职教师有利于强化实践教学环节，优化教师队伍结构，是河源职业技术学院财务会计类专业双师型教师队伍建设的重要措施。

4. 共建实践基地

工商管理学院已经建立了超过60家校外实习基地，校内指导教师可以在指导学生顶岗实习的过程中，到企业一线去学习交流，企业的指导老师也可以给实习的师生提供实践能力、工作方法等方面的指导，增加了专业教师的实践机会，提高了实践教学能力。

5. 交流与培训

企业派出技术专家为校方承担部分相关课程教学任务，聘请校方优秀教

师作为企业特聘专家。校企双方每学期进行 1—2 次教学探讨。校方与企业共同组织或参加同行业教学研讨、学习观摩等活动，企业定期向校方提供专项知识讲座，服务师生。

（三）借助技能竞赛平台，提升教师技能

财务会计类专业每年定期组织校内技能竞赛和组织学生参加市级以上技能竞赛，通过组成教师团队，教师可以互相交流学习，也可以借助比赛的机会向其他院校和企业专家学习，在提升学生竞赛水平的同时，教师的技能也获得了提升。

（四）借助职业资格考试提升教师的技能

财务会计类专业教师可以通过参加会计师、经济师、高级物流师等职业资格证书提升职业技能。

总体说来，通过以上各种途径，财务会计类专业教师的职业能力和教育教学能力得到了有效提升，"双师型"教师的比例已经超过 90%，教学质量也得到了较大幅度的提升。

第九章 行动导向教学法与"教、学、做"一体化教学模式

第一节 行动导向教学模式探究

一、行动导向教学模式简介

（一）行动导向教学法简介

行动导向教学法是源于德国职业教育课程改革的一种新思想，它以生活或职业情境为教学的参照，遵循"为行动而学习"的原则，让行动成为学习的起始点，并尽可能地让学习者"通过行动来学习"，行动过程中的计划、实施、检查、修正和评价则尽可能地由学生自己独立完成。行动导向教学法最早是由德国文教部长联席会议在1999年制订《框架教学计划》所决定的一种新型的职业培训教学课程体系，是一种先进的职业技术培训教学法。

行动导向教学的目的在于促进学生职业能力的发展；其核心在于将学习场景模拟成工作过程的场景，把学习过程与行动过程相统一，通过行为的引导使学生在行动中学习，培养学生的创新思维，形成职业能力。目标是培养学生的关键能力，让学生在活动中培养兴趣，积极主动地学习；让学生学会学习。因而，行动导向教学法是要求学生在学习中不只用脑，而是脑、心、手共同参与学习，以提高学生的行为能力。行动导向教学法的整个教学过程可分为收集信息阶段、独立制定工作计划阶段、决定阶段、实施阶段、检查阶段和评估阶段。在整个教学中学生始终占据主体地位，教学质量的高低最终通过学生的综合素质得到反映和体现。采用行动导向教学法进行教学，学生在获取真知的过程中，必然会引起素质的变化。这个素质指的是学生的思维和行为方法、动手能力和技能、习惯和行动标准及直觉经历、需求调节、团队合作等方面的综合。

行动导向教学法作为一种教学思想，体现了职业能力教育的本质，适应了职业教育的特点，在德国职业教育中取得了丰硕的成果，在我国的职业教育改革实践中也在发挥着指导性作用。

（二）行动导向教学法的内涵

1.行动导向教学法从教学生"学会学习"的目标出发，使职业教学从注重"教法"转到注重"学法"，将学生的学习与学生发展密切结合起来。采用师生互动型教学模式进行教学，在教学中，教师是活动的引导者，教学的主持人。

2.行动导向教学法体现了"以学为本，因学施教"的教学准则，因为"学"在人的活动中居主体地位，而"教"则应因人因时施以不同的"教"。"教"对人的成长和发展起着辅助和促进的作用。教学不仅仅是让学生"学知识"，而且要"学会"。行为导向教学法，让学生的所有感觉器官都参加学习，即脑、心、手共同参与学习。

3.行动导向教学强调学生学习动机的激发和学习兴趣的培养，是建立在让学生熟悉周围环境的基础上，对所学的内容感到好奇、感到惊讶，并能提出问题学习"的过程中还要"学会做事，学会生存，学会与他人交往"。

4.行动导向教学通过创造某种特定的"环境"或称"情境"，让学生在教师所设计的学习环境中进行学习，使每个学习者都有施展个性能力的机会和舞台。行动导向教学倡导学生参与"教"与"学"的全过程，这种"教"与"学"通常围绕某一课题、问题或项目来开展，重视学习过程的体验。

5.行动导向教学采用以学生为中心的教学组织形式，让学生以团队的形式进行学习，引导学生自主学习和探索，强调在团队学习中发挥每个学生的主体作用。

6.行动导向教学具有针对性强、教学效率高的特点。它以职业活动为导向，以"学习任务"为载体，采用非学科式的、以能力为基础的教学模式组织教学，它的教学内容具有跨学科的特点。

7.行动导向教学中学生综合能力的培养，是在学习过程中通过展示的方式来培养学生的表达能力和工作能力，不断把知识内化为能力。学生的展示包括展示自己的学习成果和展示自己的风格。

8.行动导向教学充分尊重学生的个性，注重学生自信心和自尊心的培养，教学中要不断地启发和鼓励学生。行动导向教学不要求教师和学生是一个完美的人，而是一个会犯错误并能从错误中学习的人。教学中不允许教师批评学生。

9. 行动导向教学采用目标学习法，并重视学习过程中的质量控制和评估。

10. 行动导向教学法的整个教学过程是一个包括获取信息、制订计划、作出决定、实施工作计划、控制质量、评定工作成绩等环节的一个完整的行为模式。

二、行动导向教学法产生的背景

（一）传统教育的弊端

随着经济全球化和科学技术的快速革新，经济社会对人才提出了更高的要求。而传统的教学方法和教学模式显然已经无法适应经济社会的发展，到了必须改革的时候，这主要体现在：

1. 由于经济变革、经济全球化和国际化趋势的要求，学生毕业后需要学习的知识和技能更多，因此提高学习能力变得极为重要。

2. 传统的教学计划包括教学方面的纲领性规定，已经脱离了社会经济发展的实际，显得相当陈旧，教学内容已经很不适用，因此必须加以革新。

3. 传统教育是通过"修剪"学生的个性而培养同一模式的人，统一化的学校教育方式存在压抑学生个性的问题，从而扼杀了学生潜在的创造力，因此培养的学生难以满足社会对各种类型人才的需要，迫切需要根据个体心理发展的自然规律来改革教学内容及教学管理制度。

4. 传统教育使用了统一化的尺度去考核学生，因而使学生失去了合理的有效发挥个人潜能的机会，同时也失去了对学习的好奇心、新奇感和自发学习的动力。这种不符合学生全面发展的教育，很难使每个学生都能成为有别于他人的独特个体。

综上所述，传统教育存在以下六个局限性：

（1）重知识轻方法。注重知识传授和灌输，轻获得知识的方法的指导。

（2）重知识轻素质。尤其是不够注重培养创新能力。

（3）重应试轻应用。当今学生读书多是为了应付升学考试，但对学生所学知识的实际运用地注重远远不够。

（4）重占有轻创新。学生学习时只注意听教师的讲解，并尽可能地记录下来以应付考试，并没有把所学的知识变成自己的思想，把知识储存在记忆里变成知识面的占有者，对知识只是重复、机械地记忆，而不是理解，不注重培养学生的创新能力。

（5）重传授轻反思。传统教育往往注重让学生接受前人传递下来的确定的知识，而不大注意培养学生对这些知识的怀疑、反思、批判能力以及独立思考的能力。

（6）重名轻实。传统教育往往注重书本知识而轻实践知识，重形式轻效果、重分数轻素质、重文凭轻实效、重教科书中的条条框框而轻社会需要。

（二）新教育模式的改革

为了摒弃传统教育的弊端，各国都开始对本国的教育模式进行改革，以使教育能适应社会经济发展的需求。

美国在20世纪80年代实施教改，将教育从以传授知识为中心转到以能力培养为中心上来。他们强调的能力主要指实践能力、思考能力和观察能力。美国劳工部公布了对学生能力的五个方面的要求：有效地分配资源的能力、驾驭系统的能力、运用多种技术工作的能力、正确处理人际关系的能力，以及获取评价、处理、组织、交流信息的能力。

日本提出要发展在复杂的技术社会里承担领导重任所必需的想象力和批判思维能力。

德国提出要培养开拓进取和敢于冒险的精神，在职业教育中提出培养学生的关键能力。

参考世界各国的先进经验，结合我国实际情况和职业技能开发的需要，在2000年正式启动的"国家技能振兴战略"国家课题研究中，提出中国自己的"核心技能标准体系"，该体系参照英国标准分为8个技能模块：交流表达、数字运算、革新创新、自我提高、与人合作、解决问题、信息处理、外语应用。根据国情，我国"核心技能标准体系"比英国标准多了两项：革新创新能力和外语（主要是英语）应用能力。

三、实施行动导向教学模式的意义

（一）行动导向教学法体现了当今世界上先进的职业培训教学理念

传统的职业教学沿用了普通教育的学科教学体系，它是以学习知识为主的课堂教学模式。这种传统的职业教育现在人们的头脑中已经根深蒂固。行动导向教学法是以学习领域的教学要求为目标，以活动为导向，让学生在活动中学习，以培养学生的能力。这种培养能力型人才的教学观念是目前世界上先进职业培训教育观念的具体体现。

（二）行动导向教学法把全体学生培养成具有关键能力的人才

行动导向教学法是建立在培养学生的自信心和自尊心的平台上的，在这里没有"好生""差生"之别。教师将视各个学生的具体情况实行因材施教，对不同的学生提出不同的教学要求,把不同类型的学生分配在一个小组,以团队的形式来学习。在这个小组中,每个学生都是小教师,通过团队的交往和对学习成果的展示,使每个学生的专业能力、社会能力、方法能力和个性能力都得到培养。把每个学生都培养成具有关键能力的人才。行动导向教学法真正解决了职业院校生源素质参差不齐的难题。

(三)行动导向教学法为创建学习型社会创造了条件

随着全球化社会和数字化社会的到来,因特网技术把世界上各种先进的技术和各种各样的信息都直接展现在人们的面前,瞬息万变的社会和不断更新的技术需要每个人都能及时地去捕捉和学会自己需要的知识,因此一个人在学校学习的知识,待进入社会时,原有的知识早已过时了。因此,每个人都要学会学习,随时寻找对自己有用的知识,不断提高自己的工作能力。终身学习的学习型社会已经到来,学校应培养具备良好学习能力的人才。行动导向教学法首先是教学生学会学习。

行动导向教学法虽早在1999年就在德国创立,但目前仍处于实验探索阶段。我们要在学习国外先进职业培训的教育经验中不断地探索和实践,结合我国职业教育的实际情况,不断创新,为探索适应我国国情的职业培训教育体系添砖加瓦。

四、行动导向教学法与传统教学方法的区别

传统职业教育无法适应知识经济和信息社会发展的要求,必须进行改革。行动导向教学法不再是传统意义上的封闭式的课程教学,它采用非学科式的、以能力为基础的职业活动模式。

行动导向教学法是按照职业活动的要求,以学习领域的形式把与活动所需要的相关知识结合在一起进行学习的开放型的教学。学生也不再是孤立地学习,他们以团队的形式进行研究性学习。

行动导向教学法不再是传统意义上的知识传授,教师将知识灌注给学生,把学生头脑当作是盛装知识的容器。行动导向教学法是让学生的所有感觉器官都参与学习,因此,它不只用脑,而是用脑、心、手共同来参与学习。

五、行动导向教学法的基本教学原则

(一)能力本位原则

行动导向教学法的能力本位原则就是指学生的一切学习活动都是以提高能力为目标。学生在学习活动中首先提高学习的能力,同时学生又要把所学

的知识通过脑、心、手的联合作用，在轻松愉快和潜移默化的过程中，不断地内化为能力，增长才干。

能力本位要求充分正确地发挥人的能力，这里的"正确发挥"是指能力发挥的性质、方向、方式和目标。这自然要求以道德为前提，否则，能力越大越坏事。因此我们强调能力本位，也强调人的努力和道德品质以及绩效。

行动导向教学法强调的是能力型人才的培养。为适应信息化时代和劳动力市场的需求，行动导向教学法则要求培养具有关键能力的人才。关键能力是指从事任何职业都需要的一种综合职业能力，它泛指专业能力以外的能力，或者说是超出某一具体职业技能和知识范畴的能力，它的特征是当职业发生变更或者当劳动组织发生变化时，劳动者所具备的这种能力依然存在。它使劳动者能够在变化的环境中很快地获得所需要的职业技能和知识。

（二）自主活动原则

自主活动就是指学生作为学习的主体，在教学过程中自主、主动、积极地进行学习。同时，在活动中，学生的脑、身、手共同参与学习，以获得知识，提高能力，增长智慧。行动导向教学法把学生从传统的课堂中解放出来，倡导"以人为本"的教学，坚持以学生为中心，把学生当作学习的主人，让学生自主地学习。在教学中教师的作用是引导学生进行学习。自主活动具有以下教学特点：

1. 教学与活动结合起来，让学生在活动中自主学习，通过活动引导学生将书本知识与实践活动结合起来，以加深对知识的理解和运用。

2. 在教师创设的情景中进行学习，通过各种媒体的结合使用，激发学生对学习的好奇心、新奇感，让学生提出问题或感到惊讶，为他们提供发挥其才能和智慧的机会和条件，充分挖掘其学习潜能，促进学生个性的充分发展。

3. 教学活动是在充分信任和尊重学生的前提下进行的，教师要针对不同类型的学生进行教育，引导他们尊重自己，相信自己，树立学习的自信心，对学生每取得的微小进步予以肯定和鼓励，使他们对成功充满信心。学生在享受到学习的乐趣时，也建立起自尊。教育实践证明"自尊的重要性"超出课程内容的重要性。

（三）领域学习原则

领域学习原则就是根据行为活动的要求，在教学中把与行为活动相关的知识都结合在一起作为一个学习领域进行教学。即根据某一活动领域的要求，把各传统学科中的相关内容（专业基础、专业理论、专业课和实训课）都结合在一起，组成一个个学习领域，让学生进行整体学习，这样不但提高了学习效率，更重要的是让学生在教学中加速将知识内化为能力的过程。

学习领域教学在职业培训教学中彻底打破了学科型教学体系，将知识按活动领域的要求进行组合，制订出学习领域的教学计划，按学习领域的教学要求进行相应的学习。因此，在应用学习领域组织教学时要注意以下几点：

1. 学习领域是社会职业活动领域在经过教学化处理后转化而来的。

2. 学习领域的教学应当以活动为导向，并按照"学习单元"来具体设计学习内容。

3. 学习单元是案例化的课程单元，它可以使理论知识与实际应用环境结合在一起，并将学习领域这一框架性的计划或规定具体化。

4. 学习领域中的目标描述需要规定经过这一领域学习所期望获得的能力和素质的要求。

六、主要的行动导向教学法

目前的行动导向教学法主要有任务教学法、项目教学法、基于项目的引导文教学法、角色扮演法、情境教学法、实验教学法、现代四阶段教学法、模拟教学法、案例教学法等。行动导向教学需要做好教学过程设计，以实现技能、知识一体化"教、学、做"一体化，将专业能力、方法能力、社会能力、个人能力集成于学生"能力的训练过程"中。

（一）任务教学法

任务教学法是以工作任务为核心来训练专业技能并构建专业理论知识的教学法"基于工作任务"是这种教学法的核心思想。

这种教学法是针对把知识与任务剥离开来的传统教学法的弊端提出的。在传统教学法中，知识被看成是从实践中抽象出来的独立于工作任务的符号体系，因而其教授也是在教室中，在纯粹符号层面上采取与工作任务相剥离的方式进行，这些知识的实践价值要通过学习者把它们应用到实践中来实现。

建构主义和情境理论对这种知识观提出了挑战，前者认为，只有当个体已有知识不能解决目前的问题时，真正的学习才会发生；情境理论则认为，知识只有在与实践情景的联系中才有意义。这是任务教学法的知识论基础。

从职业教育的角度看，要培养学生的职业能力，就要做到：

1. 课程内容必须与工作任务密切联系，从课程中应能找到这些知识与工作任务的清晰联系。

2. 必须形成学生的任务意识，在学生头脑中建立以工作任务为核心的知识结构，把知识和任务整合起来。前者是课程内容开发中需要完成的，后者虽然也需要相应教材的支持，但最终需要运用任务教学法来实现。

任务教学法包括五个步骤：

（1）提示工作任务。即教师首先给学生讲清楚要完成的工作任务的内容、条件和目标，并通过对工作任务的提示，激发学生的学习动机。

（2）尝试完成工作任务。教师在简单演示后，让学生尝试完成任务，教师适当指导，如果学生由于缺乏必要的知识准备而难以完成任务，就应当尽快转入第三个阶段。

（3）提出问题。如果学生通过模仿教师能够基本完成任务，那么所提的问题就应当是针对如何理解操作过程的；如果学生无法完成任务，那么所提出的问题就应当是针对问题解决的。

（4）查阅并理解和记住理论知识。引导学生通过阅读教材或查阅其他资料，或通过教师讲解，来获得完成工作任务所需要的专业技能和专业知识，并理解和记住。

（5）回归工作任务。把所获得的知识与任务联系起来，看看在掌握了这些专业知识后，能否把工作任务完成得更好。

（二）项目教学法

项目教学指面对一个实践性的、真实或接近真实的完整的"工作项目"，学生们独立地确定目标要求，制定具体计划、逐步实施并且检查和评价整个过程。

项目教学法与任务教学法的区别：任务教学法的核心思想是将知识与工作任务整合进行学习，而项目教学法的核心思想是让学生通过一个完整的项目来实现知识、技能之间的联结，发展完整的职业能力。任务教学是围绕一个个孤立的工作任务展开的，通过任务教学，学生获得技能和知识。从整体工作的角度看，任务教学仍然存在相互割裂的现象，因而要使学生对整个工作过程有一个完整的把握，并能把通过任务教学获得的技能、知识整合成一个整体，还需要一个相对大型的、完整的工作项目来展开教学，这就是项目教学。如销售某种产品、制作某个物品等。

相对于传统的教学而言，项目教学具有以下特征：

1.学生自行负责地、全身心投入地实施较大的、完整的工作项目。

2.学习的最终目的在于完成具有实际利用价值的成果，无论是能够使用的产品还是具有启发性的研究发现或者能够进一步落实的行动方案。

3.为了完成项目，学生要把不同专业领域的知识结合起来。

项目教学法的步骤：

（1）选定项目。项目应立足于有利于获取经验，与具体工作情景密切相关，符合参与者兴趣。

（2）设定目标并分组。设计项目教学总体目标，分阶段或分组后产生小目标，这些目标也是最后希望得到的结果。分组时要注意各组之间的平衡。

（3）计划。做一个尽可能详尽的计划。计划应围绕目标要求，要包含学生执行项目的目标、实施、评价等阶段，并且是可行的。

（4）实施。按事先订立的计划一步步施行，通过小组作业、多层交流和问题解决等形式开展交往性学习，学生逐步加强自行学习，教师发挥咨询者和协调人的作用，并在整体上引导学生学习过程。

（5）成果展示。完成项目后，各小组展示成果，包括项目成果、工作流程等，得到外界的评价。

（6）评价。与原定目标比较，评价结果，可以自我评价与第三者评价相结合，检验学生是否获得必要技能与知识、实际结果是否具有实用价值。

（三）基于项目的引导文教学法

在项目教学法中，为配合学生的自主学习，避免不必要的教师干扰，要把过去教师的讲授和演示材料转化为声像制品，开发指导学生独自完成学习的引导材料，供学生自主学习参考。这些引导性的文字材料称作引导文，这种方法就是项目教学中常用的引导文法。

引导文教学法需要大量配套的指导性材料，可以是有关过程的关键性问题与简要答案，也可以是展示复杂结构的样图，还可以是材料或工具清单，亦可能是辅以讲解或文字说明的视频材料。引导文包括任务描述、引导性问题、学习目标描述、质量监控单、工作进度计划、工具和材料需求表、专业信息来源指示单（如指明专业杂志、文献、技术资料、劳动安全规程和操作说明书）等材料。引导问题、提示描述、工作计划和检查单构成了所谓的引导文材料主体，用于指导学生的学习过程。工作小组依据引导文来回答引导性问题、编制提示描述或制定工作计划和检查单。

同时，教师上课前应做好以下准备工作：

1. 确定能力目标，即学生完成任务后应具备的能力；

2. 学习者分析，分析学生已具备的知识，预测学生需求与想法；

3. 分析应提供的信息，确定应提供哪些辅助材料，包括教科书、工具书、项目背景企业信息、技术文献、图片等；

4. 设计引导性问题，一步步引导学生解决问题；

5. 完成引导文。

之后，教师应自问：引导文是否可以给学生提供帮助，一步步解决问题。

（四）角色扮演法

角色扮演法是行动教学法的一种，是指教师设定某种情境或者题材，让学生尝试着承担一个预先设定好的工作角色，在限定时间内体验、讨论和解决某一个问题。其主要特点有：共同参与性、个体差异性、生动性与趣味性、创造性和灵活性。

角色扮演法的实施程序如下。

1. 准备阶段。

（1）创设情境，介绍角色

在这一过程中，教师要做好以下三个方面的工作：

第一，创设情境。

角色扮演法是由教师来创设情境，设计问题，在这一过程中，教师最好能提供有关的书面背景资料，引出大家所关心的问题，教师可以透过实例向学生说明问题，如用影片、电视节目、故事等方式；也可以问问题的方式使学生思考或预测故事结果，采用这种方式，教师应该制造一种接纳的气氛，让学习者感受问题的存在和重要性，使其了解学习的目标，让学生了解并表达出自己的看法、情感以及会采取的行动。

第二，介绍各个角色。

在创设好情境之后，教师要详细介绍角色扮演的整个过程，以及学生在这过程所要达到的目标，每个工作岗位的性质、职业要求以及彼此之间的相互关系。工作岗位的描述要尽可能详细，让学生明确每一个工作岗位的任务、质量和目标。

第三，组织准备。

介绍完各个角色之后，教师要做好组织准备工作，统计好工作岗位的数量，了解每个岗位的要求和各个环节的时间安排。教师可以和学生编制包括特定工作手段的工作岗位设置表，设定剧目排练的时间以及修改意见等。

（2）准备材料，制定计划

包括教师需要准备的材料和学生需要准备的材料。

（3）选择参与者

在创设情境之后，教师分析各角色的特性，并向学生一一讲解，选择适合扮演之人。为了使学生的创造力得以发挥，描述角色特性时不必对该角色在扮演过程中应采之对策做过多的叙述。教师可以和学生共同讨论喜欢什么、感觉如何、打算做什么,然后让学生依据自己的意愿选择想要扮演的角色,如果有些角色没有学生主动参与,可以由教师根据平时对学习者的了解,进行角色分配,并说服学生由被动变为主动,积极进入角色情境。

(4)布置情境

选择参与者之后,教师要协助学生融入自己的角色中,可以提出简单的问题,将各种情境以简要的方式说明,或加以布置情境,让学习者可以感受到整个演出的真实情境(可以根据专业举例)。

在小组中计划、组织并执行角色扮演。一旦问题被辨析、理解并结构化后,小组必须推选游戏的参与者并填补到相应的空位中。下一个步骤是小组制定一个路线计划来解决现存问题。行动小组以外的参与者则扮演监督者的角色,他们可以在之后的评判过程中持"客观"的态度。

(5)旁观者的学习

未扮演学生是否能够主动参与是影响角色扮演教学效果的重要因素。教师首先要让观察者明确尊重演出者的重要性,要求观众专心观察表演者的演出;其次,要让观察者了解在角色扮演过程中需要特别注意的环节与项目,并让观察者写观察报告,以提高事后讨论的实效性。注重旁观者的参与,让观察活动包含在整个角色扮演的教学活动之中,可以增加角色扮演的质量,深化主题,使得整个团体全员经历演出过程,并要求写观察结果报告,以提高演出后的讨论效果。

2. 表演阶段。

在这一阶段,学生是课堂的真正主角,教师要让学生自发性地正式演出,演出的时间不用太长,6—10分钟最佳。学生在这一阶段需要注意以下几点:根据自己的理解,按照任务需求、质量要求进行具体表演,并进行必要的决策,不能遇到疑惑就停下来等教师的解答,而是要根据自己的理解以及承担的角色,作出必要的决策,无论是对是错,只要是自己在当时情境下的理解,都是值得肯定的。当然教师要注意引导学生在行动和交流中,挖掘各种可能的方案,并找出最佳解决方案。如果整个角色扮演的周期很长,扮演者需要做好记录,如所经历的事件、所遇到的困难、自己采取的行动、行为后果等。

教师在这一阶段需要注意以下几个问题:首先要根据之前制定的教学目标,及时地检验学生在独立学习过程中掌握的知识。主要检测与之前搜集的学习材料有关的知识。其次,要就工作岗位和学习材料问题及时给予指导。再次,要监督角色扮演的开始、结束时间。最后,在必要的时候(如关键步骤、核心程序等),为了加深学生的印象,教师可以引入干扰事件,并在学生需要的时候及时回答学生的提问。

3. 讨论与迁移阶段。

（1）讨论和评价

演出后，教师要引导角色扮演者与旁观者进行讨论，教师首先要创造一个接纳的氛围，让学生大声地表达自己的意见，根据教学目的与要求，通过辨析、争执，最终达成共识。学生可以在接纳的氛围中，对于角色扮演过程中出现的困惑，尤其是出现的分歧、挑战以及难以解决的问题等进行讨论。

讨论之后，可以让对学生的整体过程进行评价。这里的评价是无法量化的，可以从收获以及缺陷两个层面，就学生的工作任务、工作内容、职业活动的种类、各种决策、遇到的困难、时间的安排、学生对于工作过程的认识等方面进行评价。

（2）再扮演与讨论

通过前面的讨论与评价，学生对角色扮演的各种工作分工有了更为深刻的理解，这时候教师为了加深学生的印象，可引导学生由尝试错误中再进行扮演。这种表演不注重其完整性，而是就整个过程的某个需要特别强调的片段进行扮演。每一次表演之后，教师应组织学生进行一个简短的点评，演出人员可以换人或交换角色以体验不同的感受。此阶段的重点活动在于让学习者从尝试错误中，学习如何面对问题和解决问题，了解相同角色不同情境所代表的意义，便于学习者以不同的立场看待相同的事物。

（3）反思与结论

经过讨论——尝试错误——再扮演——讨论的循环周期之后，可以引导学生反思：为什么某个角色需要这样的行动才能够使得整个活动过程更加完善？各个工作流程之间需要什么样的合作？角色扮演之前对某个工作流程的认识与角色扮演之后的流程有什么不同？观点的变化受到了什么影响？等等。教师可以从学习者的演出和讨论的内容中，归纳要点，并指出行为实践的意义和法则。最后，教师通过对一个可能的解决方案的综述，可以促进此次角色扮演的完成，并最终得到一个总结。这个总结旨在让参与的学习者对所经历的行动有个全面地了解，更深入地解释各种行动。

（五）情境教学法

情境教学法是指教师为激发学生思考的积极性而创设特定的问题情境，以培养学生独立探求解决问题途径与方法的教学方法。

教师首先创设情境，然后给学生提供一些建议，学生自己找出解决问题的途径，分组讨论、展示，再全班讨论。

创设情境的途径初步归纳为以下六种：生活展现情境、实物演示情境、图画再现情境、音乐渲染情境、表演体会情境、语言描述情境等。

（六）实验教学法

与传统教学理念不同，实验教学不是用实验的方法来证明一个已知的并且存在的理论，或者用实验的手段来加深学生对某一理论、公式的认识，而是指师生通过共同实施一个完整的"实验"工作而进行的、培养能力的教学活动。在职业教育中，实验教学的学习性工作任务，以生产一件具体的、具有实际应用价值的产品为目的，或者模拟一个实际的工作过程。实验不只是用来检验假设的正确与否，实验行动蕴含的实质在于，在一定条件下学生的实验行动，要以检验自己的假设为目标，综合应用已有的知识，通过工具、测试手段的运用，观察、判断、搜寻乃至阐释有关现象，从而培养能力。

实验教学法主要分为六个步骤：情境问题、提出假设、制订计划、操作实验、验证归纳、反思评价。

1. 情境问题

教师根据教材或教学目的要求，从生产、生活中提出与教材有关的问题，或阐述某个现象，引导学生观察，使学生产生想要探究或弄明白的想法，或想要找到解决办法的欲望。提供或创设情境，能使学生进入积极的动脑、动手状态，激起学生学习的内在动机，提高学生对现象的观察、问题的探究、概念的形成，使对知识的理解、结论的检验、思维的发展融为一体，非常有利于学生掌握科学的逻辑思维方法和提高解决问题的能力。刚开始时，教师应选一些观察容易、操作简单、结论浅显的实验内容，以后逐步提高探究要求。也可以让学生从自己的经验中提出观察到的现象或思考的问题，供全班同学讨论、思考。

2. 提出假设

学生根据观察到的现象变化，或了解到的事实，分析、推理、猜想，最后提出自己的某种结论假想或解决问题假设。在这一阶段是一个主动探索的过程，有利于学生培养逻辑思维能力，还可以让学生立足已有经验，融合已有或查找到的知识进行大胆设想，有利于培养学生的创新精神与能力。同时，这一步骤也是为下面的实验指明方向，只有提出假设，才能辨别现象中的相关因素，剔除无关因素，才能决定下一步的实验目的、计划、实验材料等。对所要研究的问题进行定位和阐明，把期待的结果描述成准备检验的假设。

3. 根据假设

提出一个或若干个具体可行的实验目的，这样就可以通过接下来的实验进行验证与证明。介绍有关的实验目的、所需工具、条件和实验过程，分析实验的可操作性与可实现性，列出存在的问题，以便选取最佳实验设备、实验条件甚至实验材料来进行最终的实验。

根据上一阶段决定的实验内容最佳组合方案，开始制订实验计划。实验计划包括：计划工作步骤、解释并介绍试验装置、绘制结构草图、应用哪些检测或实验方法能够对假设进行验证。同时也要列出可能存在的问题，及时找出可能的解决方法或制定应急方案。

4. 操作实验

按照实验计划准备实验装置就可以进行实验了。这一步也是整个实验法最关键的一步，因为假设的验证与证明完全依赖实际效果。因此，这一步的操作要严格遵守各种程序与要求，尽量避免无关因素的干扰，减少误差，最大限度地保证相关因素的效用。进行试验的同学要及时仔细观察、测量、记录和评估，以便为最后的结论提供完整的证据。同时，对于实验过程中出现的意料之外的情况也要详细描述记录，为最后进行反思提供新的实验思路与方向。整个操作过程中，教师要心中有数，以备结束阶段总结评价。

5. 验证归纳

这一步就是根据整个实验过程中的观察、记录、描述来进行计算、分析、综合、推理、评估甚至确定测量顺序并绘制图表。教师要指导学生进行实验结果的科学性处理，组织讨论，分析总结得出结论，口头论述结果。接着对照假设进行验证，验证假设的真伪。通过实验结果和结论进行概括，将所获取的各种知识和关系归纳到更高一层的理论，实验的范例性将被转化为基本结论。

6. 反思评价

实验得出结论或得到结果后，整个实验基本结束。这时，教师要引导学生进行综合、反思和评价，讨论总结。对于成功的实验，教师可以引导学生再寻找多种其他的实验方案；对于失败或出现偏差的实验，教师应帮助学生查找原因，进行误差分析。当然，这一过程也可以让学生自己根据实验情况来进行，最后再交流。

（七）现代四阶段教学法

四阶段教学法是一种起源于美国岗位培训的、系统化的以"示范—模仿"为核心的教学方法。传统的四阶段教学法把教学过程分为准备、教师示范、学生模仿和总结练习四个阶段。

传统四阶段教学法的学习过程与人类认知学习的规律极为相近，学生能够在较短的时间内掌握学习内容，从而达到学习目标。但由于学生没有机会尝试实践自己的想法，而必须模仿教师的"正确做法"，限制了创造性地发挥。因此，传统四阶段教学法受到了现代教育学家的批评针对传统四阶段教学法存在的缺陷，教师们对传统四阶段教学法进行了改进，称为现代四阶段教学法。改进后也分为四个阶段，不同的是现代四阶段教学法为学生提供了活跃而自主的学习环境。在教学活动中，教师的职能从"授"转变为"导"，学生由被动地接受式学习转变成自主的参与式学习，充分锻炼了学生的思维能力、学习方法能力、社会能力和培养了创新精神。

因此，现代四阶段教学法在高职院校普遍得到认可和推广。

（八）模拟教学法

模拟教学法是在一种人造的情境或环境里学习某职业所需的知识、技能和能力。经济类职业通常在模拟办公室或模拟公司中进行。模拟教学给人一种身临其境的感觉，更重要的是提供了许多重复的机会和随时进行过程评价的可能性，且成本较低。

（九）案例教学法

案例教学法是指在教学活动中，结合具体的教学目标和教学内容，通过分析典型的实际案例，使学生既具备理论基础知识，又能够运用理论解决实际问题的一种教学方法。

案例教学基本环节如下：

1.案例引入

教师在进行案例教学时一般要提早几分钟走进教室，这样可以避免占用课堂时间来做课前的准备工作，如发放资料等。

同时，教师可以利用上课前的这几分钟，观察学生的行为：谁和谁在一起讲话，谁被大家撇在了一边，谁被大家高看一眼……这些观察结果可以帮助教师在课堂上更好地组织学生进行讨论。

运用案例法进行教学的优秀教师并不是一上课就马上向学生介绍案例，他们常常运用与学生打招呼、介绍本节课的安排或其他方式引起学生的注意。如果该案例已在其他班级讨论过，教师也可以向学生简单地介绍一下其他班级在讨论这个案例时的情形，以及他们有没有很好解决的问题。

2.案例讨论

引入案例后，教师就要引导学生进行讨论。讨论一般采取先班级讨论后小组讨论的形式。

班级讨论一般围绕以下问题展开：案例中尚待解决的问题有哪些？哪些信息对问题的解决至关重要？解决问题的方法有哪些？什么样的方法最适

宜？案例讨论是案例教学中的"重头戏"，而小组讨论又是"重中之重"，它在教学过程中所占的比例最大。小组讨论的基本步骤大致包括分组与讨论。

（1）分组

分组的方法很多，可随机分组，亦可将座位近的同学编为一组，还可将看法一致的同学编为一组。无论采取何种方法进行分组，都要注意小组的规模，一般控制在3~7人之间。各小组要推荐一位组长、一位记录员，由组长组织该组的讨论。

（2）讨论

小组讨论要在班级讨论的基础之上进行，可包括以下几个步骤：首先，选定、分析问题。从全班讨论的结果中选定一个待解决的问题，作为本组的任务，并对问题进行深入细致地分析，包括问题的前因后果及其连带影响。其次，提出解决方案。针对问题将各种可行的解决方案逐一罗列出来，并选定一个最佳的解决方案。再次，制定具体的方案。将选定的最佳解决方案细致化，制订该方案的实施计划，包括实施时间、步骤、实施时可能碰到的困难及克服困难的方法等。

3. 汇报总结

小组讨论结束后，教师可要求各小组选派一名代表到讲台上陈述该小组的讨论成果，教师逐一在黑板上记下学生发言的要点。一组汇报结束后，其他小组和教师可向其进行提问或补充。注意要控制每组代表陈述的时间。

各小组汇报结束后，由教师进行最后的总结。总结并不是总评，教师只需对各小组讨论中形成的观点进行归纳和整理，无需作任何点评，更不要试图告诉学生谁对谁错，除非这个案例本身的观点是十分明确的。另外，教师要对案例蕴含的道理或问题进行小结，以调整和完善学生的知识结构，让学生树立对某一问题的正确态度，提高学生遇到类似问题时分析、解决的能力。

当然，教师也可以将案例问题拓展开，提出一些散发性的、学生可以继续进行探究的、发人深省的问题，使学生在课堂教学结束之后能够进行深入而广泛的思考。

4. 反思评价

（1）对案例质量的反思

通过一堂案例教学课，教师会对该案例产生新的认识。在反思、评价阶段，教师需要根据编写案例的原则、视角、规范等，结合实际的教学效果，对案例进行重新审视，并对案例作出适当的修改，以备在以后的教学中（或供其他教师）使用。

(2)对学生课堂行为的评价

评价的重要工作之一是评价教学中学生讨论的质量。有意义的讨论一般会涉及下列几个方面：作出有意义的、对理解问题有帮助的分析；指出案例中需要进一步探究的方面；提出他人没有谈到的备择方案；把已学过的知识与正在讨论的案例结合起来，融入一定的逻辑结构中，并且据此引申出合理的结论；提出行动或实施计划的建议。

(3)教师的自我评价

有一些简单的问题可以为教师进行自我评价提供依据：我的课前准备充分吗？我在课堂上的讲话占了多长时间？我对学生讨论的引导是否恰当、适时？我在课堂上的情绪表现恰当吗？如果我有机会再上一堂这样的课，我的教学会有哪些不同？有没有人在上这堂课时比我上得好？为什么？在教学中我学到了哪些东西？

最后，总结自己教学中的优点与不足，给自己的这堂课打个分数。

第二节 行动导向教学法的应用

行动导向教学法是由目标群体、教学目标、教学内容、教学方法、教学媒体、质量控制这六个方面组成的优化教学系统。德国专家彼得·约克·亚历山大先生把行动导向教学法比喻成一头"大象"，怎样才能把一头大象吃下去呢？人们不可能一口把大象吞下去，唯一的办法是把大象一块一块地切割开来，慢慢地把大象吃完。因此，学习行动导向教学法也一样需要一部分、一部分地进行学习和研究，逐步地领会、消化，直至应用和实施。

应用和实施行动导向教学法，首先要从创新教学方法入手，逐步深化。在这种创新教学理念指导下，教师首先要转变角色，要以主持人或引导人的身份引导学生学习；教师要秉持轻松愉快的、充满民主的教学风格进行教学。教师要对学生倾注感情，也一定要把自己的脑、心、手展示给学生。教师要运用好主持人的工作原则，在教学中控制教学的过程，而不要控制教学内容；要当好助手，不断地鼓励学生，使他们对学习充满信心并有能力去完成学习任务，培养学生独立工作的能力。

为了全面提升财务会计类专业的教学质量和人才培养质量，河源职业技术学院2008年起实施教学改革，在全校推进职教能力测评，引导教师广泛采用项目教学、任务驱动式教学、案例教学、现场教学、讨论式教学等具有典型职教特色的行动导向教学方法，使学生在课程教学中寓教于学、寓学于练、寓练于做，将企业经营管理实践与课堂教学有机结合起来，模拟仿真企业环境，通过采用行动型参与式、模拟式、体验式和情景式等多种教学方式，使学生身临其境地感受针对岗位、流程、任务的实践，真正掌握专业知识与技能，培养解决问题的能力。在教学中能较充分地利用现代教育技术和手段，构建以体现职业能力为核心的课程考核体系，较好地体现了形成性评价与终结性评价的结合。财务会计类专业经过近8年的努力，教学改革取得了良好的效果。

  教学改革后每堂课的教学都是围绕工作任务的完成过程来展开，关注"如何完成工作任务"，完全不同于以知识顺序为教学逻辑主线的系统知识教学。教学过程主要包括四个步骤：一是描述工作任务。包括该工作任务在工作体系中的功能、地位；工作任务完成后对其效果的评价；完成该工作任务所需要的设备、工具、材料等条件。工作任务的描述，既要使学生把意识聚焦到工作任务上，又要以此为契机，把学生逐步导向工作体系。二是教师演示并讲解相关理论知识。即由教师根据工作任务，现场演示操作过程，使学生产生感性的认识；同时围绕工作任务的完成，阐述相关理论知识，引导学生在完成工作任务的过程中建构理论知识体系。三是学生动手操作。由学生自己规划设计，实施过程中学生可以互相讨论，也可以向教师询问，最终完成某个项目的运作。四是师生总结与评价。对学生完成的项目，由学生从设计、操作水平、质量要求等方面进行相互交流比较，由学生共同找出各自的优缺点，然后由教师点评。四个步骤的教学设计体现了基于工作过程的思想，以职业能力定义教学目标，明确学生经过该项目学习后最终要达到的能力状态，让学生在完成具体项目的过程中学会完成相应的工作任务的知识。

  同时，在行动导向的教学改革中，仅仅改变教师的教学方法是远远不够的，而是应该从整个专业人才培养的高度，重构专业课程体系，以双师素质教师培养为重点，提升教学质量，同时加大实验实训条件建设和校外实习基地建设，为行动导向教学模式提供软件和硬件的支撑。

  为了保证行动导向教学模式的实施效果，应重点做好以下几个方面的工作。

一、重构课程体系，构建基于工作任务的项目化课程体系

  传统课程体系是以专业学科的性质划分的。这种课程体系以培养学术型人才为目的，不适应职业教育的目标，其主要弊端体现在：（1）理论与实践相脱离。理论与实践的分割，失去了理论对实践的指导作用，违背了学生的认知规律，学生对所学内容难理解，没兴趣。（2）技能与实践相脱离。实训内容及场地按劳动分工原则，以某项单一技能划分单元，将实际工作过程人为分割，忽视了劳动过程的内在联系及工作过程中的方法、经验与社会能力

等要素，学生缺乏对劳动的整体特性认识，难以获得解决实际问题的经验与能力。

基于行动过程为导向的课程体系，强调以过程为中心的知识体系，教学顺序是以行动顺序为导向的，按一个行动过程顺序来传授相关的知识与技能，实现理论知识与实践技能的整合，解决理论与技能脱节、技能与实践脱节的问题。行动导向课程典型的模式就是项目教学法，它依据生产实践，将课程内容分为若干个项目，每个项目又分为不同层次的工作任务，每个任务都是一个独立完整的工作过程，整个系统又具有统一性和系统性。这种课程体系的优点在于能够全面体现工作过程的各项要素，并反映这些要素之间的相互联系，将过程所需的各种知识、技能及各种能力有机地融合到行动的过程中，学为所用，符合了学生认知的心理过程，便于知识的理解与综合应用。学生通过完成一个完整的工作过程，能够借此获得"工作过程的经验与能力"，而不仅仅只是单一的操作技能。

二、开展以工作过程为导向的项目化课程教学

以工作过程为导向的项目化课程通过采用任务引人、学生尝试完成、示范、归纳、讨论、解决等过程，以"边学边做""先做后学"的方式，教学过程，由学生进行业务操作入手，由教师归纳得出知识；同时学生通过反复的能力训练，能够熟练运用相关知识，基本实现知识、理论、实践一体化，"教、学、做"一体化，激发了学生的学习能动性，教学效果明显提高。具体表现为：

（一）构建了实现能力培养的工学结合的"工作式学习"课程教学模式

"工作式学习"就是将工作内容、工作方法、工作要求、工作流程等贯穿于学习的全过程，让学生以工作者的角色投入学习中，将每一次课堂学习当作完成一项工作任务。教师将每一次教学当作指导学生完成一项实务操作。这种课程教学模式较好地培养了学生的职业意识，对学生养成职业习惯、提高职业能力起到了积极的促进作用。

（二）改变了学生被动学习的状况，形成了主动学习的氛围

由于每一次上课都可能是一项工作任务的布置，或是完成一项工作后的检查，而且每一次工作完成情况的好坏直接影响到课程成绩。学生课程成绩是任课教师依据每一次课程任务的完成情况进行评定。改变传统教学"满堂灌""填鸭式"的授课模式，构建以学生为主体、以能力为目标、以素质为基

础、以项目为主体、以实训为手段、以职业活动为导向的项目教学模式，激发了学生自主学习的积极性，提高了学习的效果。同时，通过营造教学环境的企业化、能力培养的专业化和教学内容的职业化的项目，提高了课堂教学的仿真化，有利于学生真正实现毕业与上岗的零过渡。

（三）完善具有工学结合专业特色的精细化教学管理体系

行动导向教学法必然需要相应的教学管理体系来配套，否则改革的质量将无法得到保障。河源职业技术学院主要对以下方面的教学管理体系重新设计。尤其是对课程考核方式与实践教学管理进行了改革。

1. 将课程考核与评价模式

由知识评价为主转变为以能力目标评价为主，建立了一套科学、完备、可测性强的体现工学结合特色的评价指标体系。创新教学质量评价模式，提高质量管理模式的灵活性，打破了传统的以校内评价为主的教学质量评价模式，吸纳行业企业、政府与社会力量共同参与教学质量管理，再造管理流程，完善质量管理和保障体系。

2. 强化实训

认知实习、专业实习、顶岗实习、毕业设计等关键实践性教学环节的质量监控；建立与完善指导教师跟踪制度、用人单位访问制度，定期进行毕业生跟踪调查，吸收用人单位参与人才培养质量评价，形成动态的反馈与保障机制，从而保证和提升教学质量。通过有效的教学管理，把广大教师的积极性、主动性、创造性更好地发挥出来，激发学生发展的内在动力，充分调动学生自主学习的积极性，全面提高人才培养的质量。

（四）打造"双师素质""双师结构"的专业教学团队

行动导向教学模式得以顺利实施的保障是专兼结合的"双师"教学团队建设。我们以提高教师实践能力为核心，全面实施以教学名师、实践能师、育人高师为主要内容的名师工程建设。专业教师主要从职业教育思想、职业教育课程标准开发的探索与实践、工学结合课程的改革实施三方面提升师资的高职教育理论水平，提升教学团队的整体职业技能和教育教学能力。通过两条途径使专业教师真正成为"实践能师"：一是鼓励教师积极参加相关的专业资格考试，取得专业任职资格；二是安排教师到行业企业顶岗实践，积累实际工作经验，提升专业教师的职业操作能力和实践教学能力。同时，大量聘请行业企业的企业经营管理专家担任兼职教师，形成实践技能课程主要由具有相应高技能水平的兼职教师讲授的机制。此外，对专业教师开展职业教育教学能力的培训与考评。对教师的培训以职业活动为导向，突出能力目标。

以职业活动为导向就是职业岗位上做什么，培训就练什么。对教师来说，就是以课程的设计和实施为内容进行训练。突出能力目标就是经过培训，每个教师能够按照新的职教观念，对课程进行整体设计和单元设计，并从课程是否具有合格的能力目标、是否具有合格的实训项目（任务）、是否具有真实的实训过程等三个方面对教师的课堂教学进行评价，以保障能力目标的实现。

第三节 "教、学、做"一体化教学模式的实践

目前职业院校学生普遍存在基础较差、学习主动性偏低、行为习惯偏差等问题。长期以来，传统教学模式是先上理论课程，然后再上实践课，课堂上讲理论、实训室讲操作，形成了理论教学和实践教学"两张皮"的现象。这样的教学模式不能适应职业院校学生的认知规律，教学效率低，有效性差，容易造成理论学不懂、实操学不会，到了实习单位或用人单位又得重新上岗培训的状况。为了改变这种状况，全面提升人才培养质量，河源职业技术学院自2010年起，全面实施"教、学、做"一体化课程改革。将理论学习和技能训练紧密结合在一起，以技能训练为主线，以突出培养学生的操作技能为重点，较好地解决了理论教学与实习教学的脱节问题，增强了教学的直观性，充分体现学生的主体参与作用，有利于教学质量的提高和高素质人才的培养。

一、"教、学、做"一体化教学模式的含义和特征

（一）"教、学、做"一体化教学模式的含义

"教、学、做"一体化教学模式是顺应目前职业技术教育发展而产生的一种新型的教学模式，它是职业学校专业教学中探索创新的一种教学模式，由一位专业课教师同时担任专业理论与专业技能的教学，将有关专业设备和教学设备同置一室，将专业理论课与生产实习、实践性教学环节重新分解、整合，安排在专业教室中进行教学。师生双方共同在专业教室里边教、边学、边做来完成某一教学任务。"教、学、做"一体化教学的过程是师生双方共同参与教学的全过程。在整个教学过程中，学生在"学中做，做中学"；而教师则在"做中教，做中改"，对生的要求是"学会做"。

这种融理论教学、实践教学为一体的教学模式，改变了传统的理论和实践相分离的教学形式，解决了专业理论与专业技能重复教学的问题，将应知的专业理论和应会的操作技能紧密结合在一起，以技能训练为主线，强化专业理论的指导作用，突出学生实际操作能力的培养，增强了学习理论的兴趣，

促进了对理论的理解，提高了学生的实训兴趣，增强了学生走向实际工作岗位的适应能力。同时还可丰富课堂教学和实践教学环节，提高了教学质量。

（二）"教、学、做"一体化教学模式的特征

"教、学、做"一体化教学，通俗地理解是为了使理论与实践更好地衔接，将理论教学与实习教学融为一体"教、学、做"一体化教学模式具有如下特征：

1. 要实现教师一体化、教材一体化、教室一体化

有双师型教师、一体化教学内容、一体化教学场地、一体化教学手段、一体化的教学过程和一体化的评价方法。

2. 实践性很强

"教、学、做"一体化教学由于把理论课堂搬至实习场地，在讲解理论的同时可以进行实际操作训练，在训练实操的同时又可以巩固理论知识，因而其在巩固理论知识和提高动手能力方面均有较高的实践性。

3. 综合性强

由于将课堂搬至实训场所，教学条件丰富了，各知识点由书本上枯燥无味的东西变成了实实在在的实物，把理论和实操结合一起，通过实际训练来掌握理论上的各知识要点。

（三）"教、学、做"一体化教学模式的教学方法

"教、学、做"一体化教学是一种复合型的教学模式，教师引导学生掌握专业知识和操作技能。在现代职业教育中，教师可以充分运用任务驱动法、模拟教学法、情境教学法、场景教学法、现场教学法，创建一个工作情境，或把教学场地安排在工作现场，让学生身临其境，实现由学生到"员工"身份的转换。这样不仅使学生真实感受到作为一名员工所应具备的基本素质，而且能够激发学生的学习兴趣，调动学生学习的积极性、主动性。教学中除了运用讲授法外，还应结合运用其他教学方法，如演示法、参观法、练习法、提问法等教学法，以加强学生对讲授内容的掌握和理解。同时，充分利用多媒体、幻灯投影、教学课件等现代教学手段，增强教学的直观性和有效性。

二、"教、学、做"一体化教学模式的实施

（一）建设"双师素质"的教师队伍，实现教师一体化

"教、学、做"一体化教学要有优秀的师资队伍。要实施"教、学、做"一体化教学，不仅要求教师具有较扎实的专业理论功底，也要具有较熟练的实践技能，更要具有"教、学、做"结合的教材分析及过程组合的能力。教

师不仅是传统意义上的双师型人才，更要具有创新综合能力。提高实践教学质量的关键在于有一支技高一等、艺高一筹的专业教师队伍，学校应采取多种途径加强对专业教师的培养。

1. 加强校外培训，积极组织教师参加各种专业技能培训

组织专业教师到职业师资培训机构、学校进行学习和实际训练，强化实践性学习，使他们能更好、更系统地将理论与实践结合起来。强化培养职教教师的实践性包括两个方面：一是加强专业实践。职教教师"双师型"专业发展目标，需要改变学术型人才的培养方式，加强专业实践教学，要让学校教师中的专业教师多到职业培训机构、企业去学习与训练，多接触生产实际，培养他们的动手能力，培养他们的专业实践能力，他们才能有效指导学生的实训。二是加强教育实践。教师的教育教学能力需要通过具体的教育活动习得。教师在实际教育教学过程中遇到的实际问题，通过自我探究与反思，寻求解决方案，唤醒职教教师专业发展的自觉意识，缩短理论与实践的距离，强化研究结果对教育教学实践的指导，提高教师专业发展的能力。

2. 多组织年轻专业理论课教师利用课余时间，寒暑假进入工厂的生产一线，进行专业实践锻炼，使理论与实践能够有机结合

深入行业生产经营第一线，参加具体岗位技能培训，以弥补教师操作技能的不足。到企业参加专业实践的教师带着教学中的一些课题，到企业向有丰富实践经验的企业经营管理人员请教，从实践角度提升教师对专业理论的认识。如河源职业技术学院物流专业为了让教师真正掌握 ERP 软件在企业中的应用情况，专门选派何霞、殷锐两名教师利用暑假到企业学习 ERP 软件在企业的实际应用，提升两位教师的实操水平。

3. 从企业引进"能工巧匠"

大力引进"能工巧匠"和各类专家，建立专兼职相结合的"双师型"教师队伍：一是引进具有"双师"素质的专业技术人员和管理人员；二是聘请企业经营管理专家到学校做实习和实训指导教师，同时积极与企业建立联系，请企业专家来学校指导一体化教师，协助"教、学、做"一体化教师开展相关工种的技能辅导。聘请他们到学校任教，把自己多年的经营管理经验带入学校，传授给学生，也与本校教师相互促进，形成互补，促进了教学和实践的结合。

（二）教学目标一体化

在整个课程教学目标设计和每次的教学目标中，需要强调技能目标和知识目标以及素质目标的一体化实现，要以技能目标的培养来设计知识目标。

学生学习是为了掌握某一项技能，穿插讲解知识目标，学生技能达成的同时，其综合素质也得到了训练。

（三）重新设计教学内容，实现教学内容一体化

具体做法是改变以往理论内容与实训内容相脱节的做法，每个项目都将理论知识和实训内容结合起来，体现了"做中学、做中教"思想。例如在"采购与供应实务"课程的"供应商选择"这次课中，先安排学生为学校旁边某超市的某类商品选择合适的供应商，并且进行分组汇报，然后针对同学汇报点评，再讲解供应商选择的标准、原则，供应商评价的指标和供应商选择的方法，最后让学生修改其选择方案。通过做一教一做的方式，实现教学内容的一体化。

（四）组织教学过程，实现理论教、学实践教学一体化

在一体化教学中，整个教学的设计和组织都以实践操作为主线，突出技能训练，围绕实践操作进行理论知识的教学，实现理论教学和实践教学一体化。教师采用讲解、演示、示范、指导、评价相结合的办法，循序渐进地开展教学活动，并在现场巡回指导，及时发现问题、解决问题；共性问题集中讲解，个别问题个别指导；促进理论教学过程与实践教学过程的融合，引导学生在做中理解理论知识、掌握技能，在操作中验证理论。同时，又用理论指导操作，实现理论与实践的有机结合。如在"采购与供应实务"课程独立物料采购需求的预测中，将理论知识的学习和实践技能的培养比较好地融合在一起。

（五）完善校内教学设施，实现教学场所一体化

"教、学、做"一体化教学模式最为突出的特点，就是将学校搬进了"企业、工厂"，将课堂搬进了"车间"。河源职业技术学院为实现"教、学、做"一体化，将丰达电子有限公司生产、销售、采购等部门搬到了学校。同时，为了更于"教、学、做"一体化教学，对于教学场所的布置也要实现一体化，也就是将理论教学区、研讨区、实操区、设备存放区、资料查阅区、维修区和展示区等场地集于一个工作场所内。这样的教学环境的转换，不仅有利于一体化教学过程的展开，实现边教、边做、边学，而且有利于学生"工作过程"观的培养。让学生在学习过程中体验工作的过程，在学校就能体验将来工作的环境，逐渐培养胜任将来工作所需要的职业素养。在这样的场所里，教师可以一边讲解，一边领学生进行操作，让学生把理论知识融入实际设备的操作中，实现理论和实践教学的合一。同时，教师可以及时指导，发现并

纠正问题，达到较高的教学效果。

（六）改革评价方法，实现评价方法的一体化

职业教育是以培养德、智、体全面发展的技能型人才为根本任务，以适应社会需要为目标，以培养技术应用能力为主线，培养基础理论知识扎实、技术应用能力强、适应面较宽、素质高的毕业生。职业教育必须改革传统的评价方式，制定与职业教育特点、社会需求相适应的评价方法。

1. 突出技能、能力考核，加强过程考核，构建融技能考核、能力考核、过程考核、知识考核、职业素养考核于一体的评价体系。

2. 参照企业、行业用人标准，结合技能鉴定，制定以能力为核心、以作品（产品）为对象的考核标准。

3. 组建由学校、企业、行业、社会多方参加的评价机构，对学生进行综合评价。

第十章 职业能力视角下高校会计教学实践研究

第一节 实践教学与实践教学能力的内在机理

一、实践的内涵

实践是马克思主义理论体系的核心概念，其基本含义是指"行动""行为"及其结果，是一个同"识见"相对立的概念。西方较早对实践进行系统阐述首推古希腊著名的哲学家亚里士多德，他认为实践是指"以自身为目的，而不仅仅为了某种另外目的所尽心的理性行为"，亚里士多德把实践囿于政治和伦理领域，马克思则实践拓宽到生产、工作领域建立起了性产实践"理论，并赋予其新的含义。在我国，"实践"一词合并使用最早见于《宋史·理宗纪》中的"真见实践，深探圣域"，但其基本含义在先秦时期就已包含在"行"这个词中被广泛使用，主要与"知"相对。特别值得一提的是，自从《实践是检验真理的唯一标准》一文发表后，实践一词在我国广泛使用，妇孺皆知，其含义为："人类在具体的、现实的世界中有目的的活动，也是人类能动的改造自然和社会的全部活动，具有主体性、能动性、整体性等特点。社会生活在本质上是实践的，实践是认识的基础，认识发展的源泉和检验真理的标准。"本文中的实践是指在学习过程中的实践，引导学生主动参与解决实际工作情境中的问题获得知识和技能，形成能力的行为。

二、实践教学的内涵

实践教学作为一种古老的教学方式，在教育领域已经存在了数千年，相信还将继续存在下去，保持旺盛的生命力。我们要使用实践教学这种教学方式必须了解其内涵，明白其外延，才能驾驭实践教学。那么我们如何来界定实践教学的内涵呢教育大辞典为实践教学下了如下定义实践教学又称实践性教学,是相对于理论教学的各种教学活动的总称,包括实验、实习、设计、管理、实际操作、工程测绘、社会调查等。王妙副教授认为实践教学是指以"职业能力培养"为课程教学目标,强调理论教学为职业技能训练的教学重点,以职业素质培养为课程重要内容,实践证明了"实践教学是课程教学有效的教学模式"。本文所指实践教学是指通过示范模拟、案例分析等教学环节,引导高等院校财务会计教育专业学生在实际工作情境解决问题的方式学习会计知识和技能,形成实践教学能力的一种教学方式。实践教学是与以"教师口述板书说明,学生听笔记"的理论教学方式相对但又相辅相成,属于一个教学过程的两种教学方式,但相比于理论教学,实践教学更能使理论升华,促进学生从"懂"达到"问题解决能力"质的飞跃。

三、实践教学能力的内涵

教学能力是教师达到教学目标,取得教学成效所具有的潜在的可能性,它由许多具体的因素所组成,反映出教师个体顺利完成教学任务的直接有效的心理特征。本文所指教师的实践教学能力指教师根据教学需要,在一定教学理念指导下,选取相应的实践材料和设备按照一定的方法、步骤组织实践教学,使学生获得知识、形成素质的能力。实践教学能力成为高等学校教师开展实践教学活动不可或缺的能力。

四、实践教学的特征

实践教学能促使教师摒弃照本宣科,引导学生身临其境地参加实践活动,激发学习动机,让其在实践中学习,边实践边学习,边学习边实践,在实践中培养能力,达到学以致用。实践教学作为一种有别于理论教学的教学方式在人才培养过程中发挥重要作用,它有着自身独特的特征。

(一)综合性

教育是一项综合性工程,实践教学就其教学内容、教学形式上而言也是综合性的,实践教学内容就综合了基本理论和基本技能的实践教学、综合知识和技能的实践教学等内容,而实践教学形式又可以分化为课堂实验、实训和实习等形式而且现代学校的职责是教书育人,不仅要教会学生知识和技能,学会做事,提高解决问题的能力,而且做事先做人,在教学过程中要融入思想政治教育,教会学生如何做人,做社会需要的人。

(二)现场性

实践教学突破理论教学限于班级授课的教学组织形式,拓宽教学组织空间范围。实践教学并不是囿于课堂或学校这"象牙塔"的教学范围,具有较强的开放性和现场性,不拘一格开展教学活动,实践教学鼓励把课堂搬到学校实训室、企业中,注重与社会现实交接,让学生接触仿真或真实的情境、资料,按照社会对人才的需要来培养人才,学生走向社会,到社会这大课堂中学习,在实习实践过程中学习,感受现实,边学边实践,提高学生的感性认识,促进问题解决能力的提高。

(三)开放性

实践教学和理论教学分属两种不同类型的教学方法,但实践教学并不是一个封闭的教学体系,与理论教学之间也不是各自为政,"井水不犯河水",而是相互联系,相互促进的,你中有我,我中有你,共同为高素质人才培养发挥作用。

(四)主体性

实践教学颠覆了理论教学中教师的主体地位,学生将从教学的边缘走向教学的中心,取代教师成为学习的主体,这是学生能力形成的必由之路。在实践教学过程中,学生不再是被动的知识接受器,而是主动参与实践和探索,积极获取相关知识和技能。当然实践教学以学生为中心,并不是彻底否定教师的作用或教师不再需要了,而是重新认识和定位教师的地位,使其由主体地位转向主导地位,教师还是教学的组织者、设计者,学生学习的引路者、指导者,学生在教师的指导下发挥自己的主观能动性,主动实践和探索,以形成相应的能力

第二节 会计实践教学的主要形式

会计实践教学并不是一种单一的方法,而是一种系统性的教学方式。会计实践教学的分类方法很多,从培养目标的角度可以把会计实践教学分为硬实践和软实践两个方面。

一、硬实践

会计硬实践是指需要学生动手操作的实践教学活动,其目的是培养学生的实践动手能力,如会计实务模拟、会计实习等。这类实践教学活动要求在具体的实践现场且学生直接动手操作,主要目的是进行动作性的技能训练培养学生规范、熟练的动作技能。

二、软实践

会计软实践是指训练学生的分析、判断和决策能力的实践教学活动，其目的是培养实际决策能力，如案例教学、项目教学等。这类实践教学的特点是以思维作为载体，通过语言逻辑思维、形象思维、直观动作思维等心智活动，以体验的方式进行教学活动，其教学内容、教学要求及教学过程等通常具有比较大的弹性，很难用一些硬性的指标去度量。

三、会计教师实践教学能力的纬度

著名教育家钟启泉先生认为"作为教师的业务素质，一般都非常注重这样两个方面：一是以学术知识与技术为基础的能力；二是展开实际的教育教学过程的实践能力。这二者相统一的能力，乃是作为一名教师的素质不可缺少的"。作为高等学校的会计教师，其实战教学能力也可以分为以下两个纬度：一是会计教师自身的会计实践能力，另一是会计教师的培养学生实践能力的教学能力。

前者从会计学科的纬度来描述会计教师的能力，而后者则是从教师职业纬度来描述教师教学实践能力，这两者相互整合形成会计教师的实践教学能力。会计教师实践教学能力的两个纬度也与当前社会对高等学校专业课教师队伍中的"双师型"教师在理念上是一致的，"双师型"教师强调会计教师是会计师和教师双重能力的复合型人才，会计师的能力对应于教师自身的会计实践能力，而教师的能力则呼应于教师的教学能力。

从会计教师实践教学能力的学科纬度上讲，高等学校会计专业培养的是管家型的初级会计师，教师欲教于人，必技高一筹，会计教师在会计实践能力上至少是具备初级会计师所应具备的能力，这是底限，但仅此是远远不够的，还必须在深度和广度上有所拓宽，正如前苏联教育家苏霍姆林斯基给教师的建议中所说的："教师所知道的东西，应当比他在课堂上要讲的东西多十倍、多二十倍，以便能够应付自如地掌握教材，到了课堂上，能从大量的事实中挑选出重要的来讲。"教师之于学生犹如一桶水和一碗水的关系，甚至是一河水和一碗水的关系，只有这样才能形成"能力差"，才能施教于学生。那么，高校会计学科在培养师资过程中对于学生的会计学科实践能力应该达到什么程度呢？"双师型"教师的首创者天津职业技术师范学院提出学生在毕业时必须达到高级工的操作水平，河北师范大学职业技术学院则要求学生毕业时必须取得某种工种的中级操作证书。由此可见，尽管各高等院校对"双师型"教师的理解不尽相同，但是其本质是相同的，就是要加强学生的学科实践能力的培养，并且至少要达到某职业的中级水平。根据"双师型"教师能力和实践教学能力对应关系可以认为高等院校财务会计教育专业学生会计学科的实践能力应达到中级会计师的实践能力水平。

英国公认会计师协会（ACCA）2005年下半年通过对我国不同行业、不同职位、不同级别的会计专业人员开展问卷调查以后认为不同层次的会计人员所应该具备的会计实践能力。高等院校会计学科在会计教师培养过程中，对学生的专业实践能力要达到中层会计人员实践能力水平，包括两个方面：一是会计教师不仅要具备初级会计人员所具备的审核和填写记账凭证，登记会计账簿，编制会计报表等会计核算能力，具备初级会计人员应有的能力，这是作为管家型会计人才应该具备的能力；另一是中级水平的会计教师应拥有企业管理者的实践能力，即对企业的内部的税务业务管理、内部管理、理财、财务预算等财务问题进行分析和解决的能力。

从会计教师的职业结度看，会计教师仅自己具备中层会计人员的实践能力还不够，还必须具备"怎么教"的教学能力，只有这样会计教师才能将所掌握的会计知识传授给学生，帮助学生形成会计实践能力，所以，教师必须掌握教育学和心理学的相关知识，知道如何开展教学活动，而且要会教，能引导学生学习，并最终实现教学目标。

综上所述，会计教师实践教学能力的纬度可以梳理成会计学科实践能力和教师职业的教学能力两个纬度，而会计学科实践能力又由会计核算能力与财务问题分析和解决能力两个方面构成，教师职业教学能力则由引导学生学习能力和教学目标实现能力。

本章将从会计核算能力与财务问题分析和解决能力两个纬度出发，通过相应的策略加强实践教学，提高会计教师的会计实践能力。

第三节 实践教学与实践教学能力逻辑关系

实践教学之于高等学校教学的重要意义犹如水之于鱼一样，缺乏实践教学的高等学校教育将失去生命力，在教学过程中强调实践教学也是高等学校的教学区别于其他类型学校教学重要特征之一。实践教学为什么在职业教育中如此重要呢？原因是实践教学的作用与职业教育所强调的能力本位教育思想在理念上是统一的。能力是人们完成某种活动所必须具备的个体心理特征，它是顺利完成某种活动的必要条件。能力本位教育思想是以培养学生形成社会所需要的能力成为职业学校教育的出发点和归宿，该思想引领着当今高等学校办学的思想潮流，深受各国职业教育的青睐，我国也于20世纪80年代引入能力本位思想,在20世纪90年代逐步得到了推广,各高等学校以就业为导向,以实际工作中所需的实践能力为学校教学的终极目标开展教学活动。以会计专业为例,高等学校目标定位于培养初级会计师,从属于应用型人才的范畴。这些应用型的会计师处于社会劳动价值链的终端,从事一线企事业单位会计核算等实践性非常强的实务性工作,从学生角度看,并不需要过多的会计理论知识,需要的是用理论解决企业实际问题的能力,即学生的会计实践能力。学生实践能力的高低成为社会衡量高等学校教学质量的重要标准之一,这也很大程度上引领着高等学校在教学过程中注重培养学生的实践能力,然而,单纯强调知识的传授是难以培养学生的实践能力,难以应付更多的新变化。

实践能力培养和实践活动紧密联系着,一方面人的实践能力在实践活动中形成和发展,必须依靠实践教学过程,如果不经过实践教学就难以形成学生的能力,另一方面,从事某一种实践活动必须以某一实践能力为前提。实践能力培养促使高等学校教育的重心放在实践教学上,更好地贯彻能力本位的教育理念,培养学生的实践能力。教师是教学的主导,高等学校会计学科教育质量的高低在很大程度上是维系于会计教师素质和水平的高低。教师是学生知识的传授者,能力和素质的培养者。学生实践能力在很大程度上是依靠教师开展实践教学来培养的,因此,教师自身必须具备开展实践教学的能力。高等院校教育作为改革开放以后成长起来的一种新型教育形式,对促进职教师资的培养乃至职业教育的发展意义非凡。为高等学校会计专业培养"双师型"教师是高等院校财务会计教育专业的"主营业务",也是高等院校教育这种教育形式存在的历史使命。今天的高等院校财务会计教育专业学生将是明天高等学校会计专业的后备军乃至中坚力量,关系到明天职业教育会计专业的兴衰,高等院校教育任重而道远。高等院校财务会计教育通过实践教学加强学生的实践教学能力不失为有效途径。

一、国家政策要求高等院校教育加强实践教学

实践教学在高素质人才培养过程中的作用是无可争辩的,实践教学这种教学方式也逐步进入教育主管部门的视野,并引起了高度的重视,出台相关政策、文件引导高等院校加强实践教学,相关领导在各种讲话报告中三令五申强调加强实践教学,提高实践教学质量。《中华人民共和国教育法》明确规定:高等教育的任务是培养创新精神和实践能力的高级专门人才。而在《中共中央、国务院关于深化教育改革,全面推进素质教育的决定》(中发[1999]9号)中则明确指出:教育与生产劳动相结合是培养全面发展人才的重要途

径。在近期,教育部下发的《关于进一步加强高等学校本科教学工作的若干意见》(教高 [2005]1 号)的文件中强调:大力加强实践教学,切实提高大学生的实践能力。再如教育部《实施"质量工程"贯彻"2 号文件",全面提高高等教育质量》(2007 指出:知识来源于实践,能力来自于实践,素质更需要在实践中养成,各种实践教学环节对于培养学生的实践能力和创新能力尤其重要。)国家在政策上为实践教学的开展作出保证,引导学校开展加强实践教学,在高等教育中加强实践教学将成为高等学校发展的必然,也成为一个趋势,当然,高等院校会计学科也不例外。

二、职教师资质量要求高等院校会计学科加强实践教学

师者,传道、授业、解惑也。我国古人很早就对教师的职责作了明确的解答。中等职业教育作为我国中等教育的重要组成部分,承担着为社会各行各业培养直接从事生产实践活动或服务的活动的技术人员、管理人员、技术工人,是我国一线应用型人才培养的重阵。以社会需求为导向,强调学生在应用领域中的实际操作技能,因此加强实践教学,把实践教学贯穿于整个教学过程其意义非凡。中等职业教育的显著特点是按照社会职业岗位的能力要求进行技术、技能的培训工作,偏重于实践技能和实际工作能力的培养,因此,职业教育的教学要求是理论教学和实践教学双管齐下,让学生知道为什么,更要让学生知道怎么做,理论教学的目的是为了更好地实践。什么样的教师培养什么样的学生,只有这种"双师型"教师才能适应职业教育的需要,才能培养出符合社会需要的应用型人才。

现今高等学校的师资质量特别是具有实践教学能力的"双师型"教师的短缺成为制约我国高等学校教育的瓶颈。尽管近年来经过各级教育机构的努力,在高等学校教师队伍中"双师型"教师所占的比例呈逐年上升趋势,但是总体水平还是呈现较低水平,仅为25%左右,离原国家教委提出的到2010年达到60%以上的目标还有较大的差距。增加"双师型"教师的比例,提高专业教师的实践教学能力成为职业教育发展的重要课题。各高等学校纷纷采取"走出去,引进来"的措施,让教师走向企业实践,增加实践经验,提高实践能力,引进企业中具有较强实践能力的技术人员来从事教学工作。作为高等学校会计教师摇篮的高等院校会计学科必须与时俱进,不仅要让学生理论上懂,而且必须会动手操作,能解决实际问题,培养具有较强实践教学能力的"双师型"教师。"双师型"教师的培养除了必要的理论教学之外,关键是实践教学,切实提高未来教师的实践教学能力。

三、知识论要求高等院校会计学科开展实践教学

会计学科知识的本质是实践的。知识是我们耳熟能详的概念，认知心理学将知识分为陈述性知识和程序性知识两类，前者描述"是什么"和解释"为什么"的知识，而后者则阐述"怎么办"或"如何做"的知识。会计学科知识也可以分为描述性知识和程序性知识，前者就相关的会计概念、规律进行系统地阐述，而后者则解释会计人员如何核算和管理企业财务的知识。高等院校会计学科学习的出发点和落脚点都是让学生用所学的知识去解决实际问题，让学生拥有从事会计工作的实践能力，因此，学生掌握一定描述性知识以外，关键是拥有如何做会计的程序性知识。会计程序性知识以两种不同的形态存在：一是描述会计处理技术规则的显性的程序知识，此会计程序性知识属于显性知识范畴，它是可以言传的，可以通过教师讲解学习，但该知识形成离不开实践教学，一旦缺乏感性认识，这些抽象的程序性知识就会出现一知半解，似懂非懂，教学效果不明显，实践教学能提高会计学科的实效性。正如马克思所说的："任何高深的理论，只要还原到社会实践的本身就易于理解了。"另一是处于隐含于会计处理操作过程中程序性知识，属于缄默知识范畴，它往往是不可言传的，仅能以实际操作的方式加以表演或演示，如在会计核算过程中的一些经验性知识，该类知识的特点是镶嵌于会计实践活动之中，具有情景性和个体化的特性，难以用语言文字表述，只能通过"学徒制"的方式进行传递，即只能通过科学实践中新手对导师的自然观察与服从而进行。

高等院校会计学科培养会计实践能力，学习了会计程序性知识，并不意味着具备了实践能力，知识要升华为能力还必须经过实践教学的"催化剂"，能力来自于实践，素质更需要在实践中养成；各种实践教学环节对于培养学生的实践能力和创新能力尤其重要；实践对于大学生成长至为关键。学生所学的知识如若不经过实践的编码，将处于乱码状态，是僵化的知识，而实践教学则能激活僵化的知识，为学生所灵活应用，形成实践能力。实践知识和能力之间架起了桥梁，理论要真正转化为能力的唯一途径就是实践，通过实践教学，引导学生参与去实践，在做中学，学中做，做学合，才能掌握会计实践能力。

四、教学方式改革要求高等院校会计学科开展实践教学

长期以来，由于受到实证主义和凯洛夫教育思想的影响，我国会计教育过程中普遍采用的是传统的教师单向授课方法，教师是课堂的主角，是知识的传授者，学生静坐倾听接受教师传授的知识，这样的教学方式违背了教学

过程是教师和学生双向交互的过程，教师和学生都是课堂主体的教学规律，致使整个课堂基本上是"教师讲，学生听，教师写，学生记，教师考，学生背"的比较呆板的公式化的教学，教师只是在黑板上讲解会计制度+说明，用文字表达经济业务，会计分录讲解会计处理，丁字账户介绍相互间关系，把现成的理论知识复制给学生，学生在课堂中完全处于被动地位，而不是积极主动地接受知识，教师在课堂上讲得天花乱坠，学生听得昏昏欲睡。我国古代伟大的教育家孔子曾经说过："对于我听过的东西，我会忘记；对于我看过的东西，我会记得，对于做过的东西，我会理解。"这句耳熟能详的话道出了让学生在学习过程中参与实践对学习是非常重要的。笔者认为，这是我国传统教学方式的最大弊端，目前我们摈弃那种以"满堂灌"的理论教学方式，提倡实践教学，正是针对这一弊端而开展的一场教育变革。

总之，在高等院校会计学科中开展实践教学是教学内部和外部共同作用的结果，高等院校会计学科需正视学生对实践教学的期望和现实之间显著性差异，遵循党的教育方针政策，尊重知识和能力培养的内部规律，通过的一定的策略来加强实践教学，提高高等院校学生的会计核算能力及财务问题分析和解决能力，切实提高会计教师的实践能力。

第四节 高校会计学科实践教学策略研究

诺贝尔物理学奖获得者杨振宁博士在评价我国教育时指出学生存在动手能力和实践能力薄弱以及创新精神和创新能力缺乏两个不足。毋庸讳言，学生的实践能力和创新能力弱已经成为制约高等人才培养的瘤瘕，这已经引起了广大有识之士的警觉和重视，尝试通过加强实践教学来提高学生的实践能力。策略是研究教师在教学过程中为达到一定的教学目标而采取的相对系统的行为，即研究如何更好地"教"的问题。本部分将从高等院校学生在会计学科中应该具备的会计核算能力和财务问题的分析和解决能力两个纬度出发分别研究加强实践教学的策略。

一、高等院校会计学科实践教学策略设计的目标和原则

（一）高等院校会计学科实践教学策略设计的目标

目标是教师教学和学生学习所要达到的预期结果。明确实践教学策略的目标是实践教学策略设计的出发点，也是衡量实践教学质量的归宿。任何教学活动的组织和开展必须在目标的指导下进行，并以实现目标为终极目标。

因此，确定目标成为高等院校会计学科实践教学策略设计的第一步骤，也是最重要的步骤。按常理，实践教学的使命是培养学生的实践能力，但事实上，从人全面发展的角度来看，实践教学所承载的使命远不止这些，它还担负着培养学生的创新能力以及形成学生的实践智慧的功能，现分述如下：

1. 传承会计知识和技能，这是实践教学策略设计最基本的使命

实践教学作为一种教学方式，其首要目的是教学生"为什么"和"怎么做"。会计是一门实践性很强的学科，从实践中来的特点必然要求学生走向实践，向实践中去学习知识和技能，让学生理解相关经济业务的会计处理过程离不开实践教学，它能使学生更好地理解为什么要做，而且学习会计除了要让学生理解为什么这么做以外，关键是要学会做，如何在错综复杂的经济环境中处理好经济业务，为企业做好管理工作服务。

2. 培养学生良好的实践态度

实践教学不仅要教会学生为什么和怎么做，而且在实践过程中培养高尚的品质，形成良好的职业态度也是实践教学义不容辞的责任，这也是实践教学策略所要达到的重要目标。高尚的品质和良好的职业态度是为人处事的基本要求，学校教育作为人格培养的重要场所，实践教学能引导学生通过实践学会如何处理好与自然、社会和他人各种各样的关系，学会如何和谐相处，形成明辨职业是非的能力，逐步形成高尚的品质，一扫知识和技能上的高智商和为人处事上弱智的阴霾。

3. 促进学生创新能力的培养

创新是一个民族的灵魂，也是一个社会发展的动力。学生的创新意识和能力哪里来呢？答案就是实践。从普遍意义上讲，高素质的形成，创新精神的培养，学习是基础，实践是关键。学生的创新过程就是一个实践的过程，而且创新的成果也要通过实践去检验。从本质上来讲，实践教学和创新能力的培养是统一的。离开了实践就不可能有创新，因为创新必须有相应的基础，是对现实的基础上进行一定程度的改进，如若对现实一点都不了解就谈不上创新。只有通过实践才能解放学生被抑制的创新思维，提高学生的创新能力。

4. 生成实践智慧

智慧来源于知识和技能，但是知识不会自然而然转化为智慧，需要通过实践活动对知识"内化"和"活化"，起关键作用的就是人的实践经验。实践能够把那些"二手知识"融会贯通起来，以达到智慧的高度，形成实践智慧，使成为一个容智的人。会计是一门具有二重性的学科，既可以称为一门科学，也可以称为一门艺术，许多会计处理方法并不是唯一的，如固定资产折旧既可以选用直线法折旧也可以选用双倍余额折旧法，至于实务操作中选用何种

方法主要是依靠会计人员的职业判断，而怎样选用更好的方法就得依托于会计的智慧了。同时，做任何事情没有最好，但有更好，在会计实践中也需要实践智慧的应用来达到更好，如面对错综复杂的经济环境下，在相关信息不明确的条件如何能占领制胜的时机也离不开会计的实践智慧。

综上所述，高等院校会计学科实践教学策略实施要达到的是多维度的目标体系，从基本的知识和技能传承、职业态度的形成到实践能力与实践智慧的生成层层递进，为高等院校会计学科实践教学策略的设计明确了方向。

（二）高等院校会计学科实践教学策略设计的原则

原则是观察和处理问题的准绳。高等院校会计学科实践教学策略设计的原则是指高等院校会计学科开展实践教学过程中所应遵循的基本规范。通过查询资料，结合高等院校会计学科实践教学的特点，笔者认为在高等院校会计学科中开展实践教学应遵循以下四个方面的原则：

1. 目标性原则

教学目标是根本，教学策略是手段，任何策略的设计都是围绕教学目标，服务于教学目标。因此，高等院校会计学科实践教学策略的设计必须以社会对高等院校人才需求为出发点，以高等院校会计学科人才培养目标为落脚点。

2. 发挥学生主体性原则

教学过程中，教师教的最终目的是为了学生的学，学生是学习的主人。促进学生学习方式的转变，是课程和教学改革的显著特征，改变原有的填鸭式教学方式，建立和形成旨在充外调动、发挥学生主体性的实践性学习方式，自然成为教学改革的核心任务。学生的主动参与是实现学习方式转变的关键之所在，课堂教学中必须充分调动学生学习的内部动机，培养和发挥学生的主动性、积极性和创新精神，最终达到使学生有效地实现对当前实践教学的意义建构。实践教学策略的运用应以此为根本指导思想，应通过采用各种有效的形式去调动学生学习的积极性、主动性和独立性，通过自己积极的智力活动去掌握知识、发展能力、完善人格。

3. 系统性原则

实践教学的目的为了让学生通过实践掌握知识和技能，形成职业态度。作为一种教学手段和方式，必须遵循认识规律和教育规律，运用系统科学的方法，按照组成实践教学活动各环节的地位、作用及相互之间的内在联系，使实践教学的各个环节做到互相衔接，彼此关联，具有连续型，并贯穿于全部学习过程。实践教学必须系统，使得专业的实践教学"不断线"。

4.循序渐进原则

会计实践教学是一个过程，因此，在会计实践教学过程中应该按照会计实践的逻辑顺序循序渐进来开展，在会计实践过程中，从会计内容的角度来看：应该从简单到复杂逐步提高，从单项到综合逐步走向全面，从一个环节到全过程逐步认识完善

因此，在安排会计实践教学应该从基础会计实践到财务会计实践，由浅入深。

从实践形式上来说，实践教学也应该遵循循序渐进的原则，即初级的会计核算能力到中级的财务问题分析与解决能力逐级深入，以使学生从感性认识逐步上升到理性认识，使知识和技能逐步得到深化形成能力。

二、以示范模拟为主导的会计核算能力培养策略

审核和填写会计凭证、登记会计账簿、编制报表等会计核算能力是会计人员的基础能力，这也是高等学校会计专业的主攻能力，毫无疑问，会计核算能力将成为会计教师会计学科实践能力中必不可少的基本能力，高等院校会计学科可以通过会计示范模拟的实践教学策略培养和提高"准会计教师"的会计核算能力。

设置实践情境，激发学习动机策略恰当的情境是学习的必要条件，建构主义学习理论认为学习总是与一定的情境相联系的，实践情境中学习更有利于知识和技能的同化和顺应。会计理论反应的是经济活动的方法体系，是从真实运用的情境中抽象升华而形成，背后都有具体的、生动的现实原形，镶嵌在实践情境中的。会计教学以实践情境为索引，把抽象理论还原到实践中去能摆脱教师纸上谈兵，学生凭空想象，虽然记住了大量抽象知识，却不知道如何应用的怪圈，使教学活动更富有实效性。因此，高等院校会计学科教师在会计教学过程中巧妙地创造实践情境，营造出实践的气氛，让学生在实践情境中学习，也成为教师教学活动开展过程中的首要环节，成为实践教学活动的前奏。

（一）创设立体型的课堂情境

课堂是一个空间概念，泛指进行各种教学活动的场所。从某种意义上来讲，课堂是能让学生参与进去的是立体型的课堂，而不是只能让学生以观众的身份参观的平面型课堂。立体型课堂情境的创设是要向展示相关的会计处理过程，提供会计核算的原型，让学生通过观摩后能进入其中课堂参与实践。如在学习会计凭证时，就提供实际工作已填制好的凭证，让学生观摩，然后

提供空白凭证让学生自己填制。

（二）创设社会课堂情境

学校教室是开展教学活动的课堂，但并不是唯一的课堂。会计是一门实务性较强的学科，与社会企业联系密切，会计教学应该走出学校这小课堂，融入社会大课堂，把课堂搬进企业内，在企业实际的财务核算环境中结合实际经济业务开展教学活动，把学生领进实际业务处理过程中，为其通过参与具体经济业务，在实践中学习创设情境平台。如《存货盘点清查》这一教学内容就可以安排在企业中存货管理仓库，创造出能亲身体验如何盘点存货，对盘点结果如何处理的情境，从而提高课堂学生的积极性。

（三）创设仿真课堂情境

会计作为商业语言蕴藏着企业的商业秘密，财务部作为商业秘密集中地更是被视为"禁区"，高等院校会计学科要把所有会计实践教学活动安排在企业财务部门是不现实，而离开了实践情境的会计教学犹如无水之舟，寸步难行。社会企业与教育机关之间的矛盾促使人们把企业财务部"搬进"学校实验室，设置会计模拟实验室，让学生在仿真的情境中模拟企业的各种财务核算活动。教师可以把课堂设置在会计模拟实验室，借助各种财务用品开展实践教学活动。如银行会计处理教学的开展可以在学校的模拟银行开展，一部分处理前台业务，一部分处理后台业务。

三、示范模拟教学，培养核算能力策略

（一）教师示范教学策略

会计核算能力的培养最终要落实到实务上，核算理论和核算实务之间需要教师"示范"这一连接符，即教师在教学过程中对实际操作业务的一种演示，通过这种演示让学生模仿学习，并最终学会操作而采用的一种教学方式。示范配合理论讲解，能更形象和清晰的展示会计核算的结构、要领和方法，逐步建立起自己的概念框架，起到动作定位的作用。

1. "人—机"结合示范策略

现代科技的发展给教育带来了福音，多媒体教学等现代教育手段的引入丰富了会计示范教学的手段。会计示范教学过程中除了教师身体力行向学生示范如何操作之外，也要充分发挥现代科技的优势，借助多媒体技术以声音图像的方式示范如何开展会计核算。如存货盘点清查，除了教师在企业现实情境中亲自示范盘点，也可以通过多媒体教学软件制作出企业会计人员清查

盘点存货的过程和碰到问题时的处理方式，为学生提供一个形象的处理过程，不仅为学生提供了视听上的享受，形成一种身临其境的感觉，激发学生学习动机，而且也使教学过程更加清晰明了。

2."总—分"结合示范策略

人的认知总是伴随着从外部到内部，从简单到复杂的规律。会计示范教学过程中，首先总体示范如何处理会计业务，给以宏观印象；紧接按照内在步骤分步示范，并要把握住主次，对于重要的或者容易出错的环节，要重点示范讲解，重复示范，直至让学生掌握，在分解演示完成以后，再进行整体地演示，以融会贯通操作技能。如会计凭证装订示范中，从打孔—穿线—打结—包装—签字盖章应该一步一步示范，对于其中的打结等关键步骤应该重点示范，分步动作完成后，再进行整体示范。

3."正—误"结合示范策略

动作技能正确，操作规范科学是示范教学的基本要求，但这并不表示错误的示范教学为我们所不容，错误示范教学如能善加应用，将能起到锦上添花的作用，来强化相关技能。在正确示范以后，可以以学生容易出错的地方为例，特意进行错误示范，并指出错在哪里，这不仅不会引起学生的错觉，反而能引以为戒，提高自己的警惕。如在示范会计记账凭证的填写过程中，在规范示范以后，示范存在问题的错误凭证，让学生找出对比错误的填写，巩固记账凭证的要求。

（二）学生模拟教学策略

教学活动是双向的，教师在示范教学过程中，学生不能只是一个参观者，更应该是一个参与者。因此，在示范教学过程中，要让学生参与进来，跟随着教师的示范模拟，以掌握技能。

1. 参与性模拟实践策略

会计知识和技能的实践是一个复杂的过程，示范的许多时候都会采用分步骤来开展示范教学工作，对于重点步骤还必须得采取重点讲解，以引起学生的注意，教师的示范目的是为让学生会，所以教师实践教学过程中，可以采取教师的示范和学生的模拟实践同步进行，教师示范一步学生模拟实践一步，随着教师示范教学工作的完成，学生模拟示范实践学习也完成了。如在原始记账凭证的填写教学中，教师示范如向在记账凭证上填写科目、阿拉伯数字应该是斜写，占数字格子的一半等要领，学生根据教师的讲解和示范在相应的记账凭证中填写，逐渐掌握记账凭证的填写在格式上有哪些规范要求，学生可以一边看教师的示范，一边参与到记账凭证填写过程中。

2. 自主性模拟实践策略

在会计学科实践教学过程中，让学生在教师示范的带领下参与一步一步地参与实践，逐步掌握教师所教的动作要领。但是学生模仿实践的是分解步骤，要促进学生真正掌握实践知识和技能，还必须把这些分解动作贯穿起来，融会贯通。因此，让学生在参与性实践以后自己进行自主实践可以称得上"强化剂"，让学生把这些知识和技能内化到自己的知识体系中，如在参与性实践中对记账凭证的填写教学中，学生在教师的引导下完成了记账凭证的登记工作，此时，教师应该为学生搭建自主实践的平台，让其开展自主实践。

（三）岗位轮换教学，加强合作意识策略

会计和数字打交道，更要和人打交道。会计是一个综合性的岗位群，由会计主管、出纳员、制单员、记账员等若干个岗位组成，这些岗位之间相互牵制又是相互配合形成一个财务核算系统。在会计实践教学过程突破"一人财务部"的模式，采用岗位轮换的实践教学策略，不仅能促使学生摆脱既是出纳又是会计，既是制单员又是会计主管的尴尬处境，也让其能明白凭证和账簿的传递过程，岗位之间的配合以及工作岗位间的相容性（如会计和出纳不相容）。而且现代社会倡导自力更生，更强调团结合作，过去社会那种"鸡犬相闻，老死不相往来"的处事态度已经成为历史，人与人之间的合作越来越重要，在合作中工作，在合作中学习已经成为当今社会的时尚。岗位轮换教学的本质是一种合作学习的形式，通过岗位之间的轮换共同合作不仅能有效完成教学任务，甚至能发挥出 1+1>2 的特殊效果。

（四）角色扮演教学策略

会计教学过程中，根据学生的特点把学生分成若干组，每组构成一个财务部，分别扮演会计主管、制单员、出纳员、记账员等不同会计角色开展审核原始凭证、填写记账凭证、登记会计账簿、编制会计报表等会计核算工作，使学生通过岗位角色的扮演明确各自岗位的职责，了解会计核算的流程，培养协同合作能力，能达到事半功倍的作用。

（五）岗位轮换策略

为了完成实践教学目标，需要进行岗位轮换，小组中的每一个成员必须依次扮演 4 个角色，通过 4 轮轮换，使得每一个同学都能将所有实践内容都能轮换一次。

（六）教师＋学长指导，提高指导质量策略

现代教学倡导以学生为主体，切实发挥学生在教学中的主观能动性，通过主动建构知识和技能。教学中发挥学生主体作用，并不是否定教师的主导作用，事实上，学生实践过程离不开教师的指导，缺乏教师指导的实践教学活动是盲目的，原因在于学生在自主实践过程是一个探究过程，因此要一帆风顺完成的可能性很小，碰到困难和阻碍是在所难免的，若不及时予以解决，致使学生产生紧张情绪、自卑心理，甚至有些问题将永远成为问题，即使自己通过思考解决问题，也会是事倍功半，而在教师指导下的学生实践更能有的放矢，更有效。在会计核算能力培养的实践教学过程中，可以采用教师十学长相结合的"3+z"指导策略，3是实践前、实践中和实践后的三位一体指导，1是学长制指导。

1. 实践前指导

在实践前虽然有教师的示范，但在实践前教师应该做好定位工作，让学生明白自己的实践内容以及目标，有效的实践前指导能保证学生心中有数。如教师在示范固定资产的清查工作以后，让学生参与固定资产清查工作之前，教师应该让学生明确清查的固定资产项目及要求。

2. 实践中指导

学生在会计实践过程中遇到困难或出现违规操作的概率非常大，教师必须做好学生实践过程中的控制作用，对学生加以指导，降低发生实践偏差的可能性，以达到实践计划能顺利开展。

3. 实践后指导

学生实践任务的完成并不表示教师的指导工作已经终结了，教师要做好实践后的总结指导以及诊断工作，针对实践中出现的带有普遍性的问题以及发展学生智能及实践技能有关的问题，进行总结性评价。

4. 学长制指导

在高等院校会计学科教育中，仅仅靠任课教师和若干实验员组成的指导力量是非常薄弱的，而学长制的实施则可以解决指导教师欠缺的困难。所谓学长制是指安排部分高年级的财务会计教育专业学生参与指导工作。高年级学生参加过会计核算实践，基本掌握了会计核算能力，而且接受了教育学相关理论的指导，他们已经具备了一定的实践教学能力，在实践教学工作开展之前，教学对其进行相关的培训后把其分到各个财务小组分组进行指导。学长制的实施可以缓解指导教师的指导压力，加强指导力量，而且使每个学生都有机会得到指导，也让这些"准教师"在实践教学指导方面得到训练，这不失为一个两全其美的策略。

（七）实务样本评价，提高评价绩效策略

教育需要评价，没有评价的教育是盲目的。现行评价方式中，回忆式的"纸笔测验"评价方式还是占有垄断地位，即使在会计这样的实务性很强的学科中也不例外，殊不知该方法只能胜任会计理论知识掌握情况的评价，而对于会计核算能力的评价却是难以胜任，Samson 和他的同事在 1984 年曾就回忆式的"纸笔测验"和岗位成就之间的关系研究发现两者之间存在着正相关，但平均只有 0.155，中位数仅为 0.100，其中最高的为护士与军事/政府机关的服务岗位（0.23），其次是商业，再次是教师与工程师。泰勒也认为其无法客观评价旨在帮助学生学习的各种学程设计的进展情况，为了有效评价学生的会计核算能力，切实发挥评价的"指挥棒"功能，笔者倡导在会计核算能力评价中采用实务样本评价方式，即从学生会计实务操作资料中抽取出一些有代表性的样本，根据被评者完成任务的情况，按照一定的标准，推断他们是否获得了相应的核算能力的评价方式。该评价方法在信度和效度上高于纸笔测验：Asher 和 Sciarin 研究发现这些测验和纸笔的能力测验相比，对后来的工作成就预测的准确度要高得多。Robertson 和 Kandola 也曾报告了实务样本测验对工作成就预测的高度有效性。在会计核算能力评价中采用实务样本评价的策略可以按照如下程序来操作：即根据会计核算能力确定评价标准和评价内容，并在评价内容中选择出相应的样本进行对比以后作出相应的评价。

总之，以示范模拟为主导的高等院校会计学科实践教学策略设计的出发点是为提高学生会计核算能力，它旨在通过引导学生进入教师所创设的实践情境中，感受会计实践激发学习的动机，在相关人员指导下主动参与会计核算的各个过程，在实践过程中学习知识和技能，增强会计核算能力。

四、以案例教学为核心的财务问题分析和解决能力培养策略

会计核算能力是高等院校会计学科实践能力中的基础能力，拥有了会计核算能力基本上意味着具备了成为"管家型"会计人员能力，而现代经济要求会计角色不仅能"管家"，更应能"管理"，拥有分析和解决财务问题的能力，作为培养会计教师实践能力的高等院校在会计学科教育中加强分析和解决财务问题能力培养是毋庸置疑的。案例教学就是通过给予学生一个实际的问题情境、一个仿真的经验，让学生有机会设身处地，面对情境中所引发出来的问题进行思考与学习。

通过案例呈现出问题的情境，学生运用他们的知识来分析案例中的问题，从而获得有意义的学习。案例教学精髓不在于让学生强记、死记硬背所学理论知识，而在于迫使他们开动脑筋思考，承担案例中决策人的责任，识别问

题，提出目标和决策标准，找出各种可行性方案，并作出判断、决策和制订实施方案，从而不断提高分析和解决财务实际问题的能力。案例教学以案论理，使学生把所学知识融会贯通，以主动实践活动问题解决能力，是一种深受应用性的学科欢迎的实践教学方式。

（一）搭脚手架，构建概念框架策略

案例分析是用相关理论知识分析和解决财务问题，提高问题解决能力的过程工欲善其事，必先利其器。案例分析之前，教师有必要让学生了解案例分析过程中所必需的概念框架，只有将基本概念、基本原理理解得透彻，才能充分开展案例讨论，取得实效。为案例分析搭建好脚手架，以便学生"跳一跳就能摘到桃子"，否则就只能陷入"就事论事"，达不到以案例论道理，提升财务问题分析和解决能力的目的。理论讲解可以采取以下策略：

1. 讲授式讲解策略

会计教学中倡导实践教学，并不是否定讲授教学，它能全面、系统地传授基本概念和基本知识。但在讲授过程中要注意理论部分力求少而精，并注意启发学生学习的主动性、自觉性，使学生在系统掌握知识、技能的同时，提高能力。

2. 自学式概念学习策略

纸上得来终觉浅，教师讲授过程中知识量是有限的，对于案例分析所需要的知识则是大容量的，因此在为学生构建理论基础的脚手架的过程中应该引导学生自主学习，为学生制定相应的参考文献，让其通过自学来构建案例分析和问题所需要的知识基础。

（二）创设情境，形成问题质疑策略

在情境中学习是建构主义理论大力倡导的，旨在通过向学生提供解决问题的原型，培养学生投入实际情境中去，通过分析和解决实际问题提高自己的实践能力。在案例教学过程中，创设分析和解决财务问题过程中的情境原型，让学生身临其境地参与到问题的解决过程中去，调动参与问题的积极性，发挥学生的思维活跃性。客观地讲，案例本身就是一个活生生的实践情景，在案例教学中，案例就是情境，案例也是问题，让学生融入案例所提供的实践情境，身体力行地解决案例中所呈现的问题。对于会计案例的呈现方式也是会计案例教学情境的创设方式。

1. 以文字的形式呈现策略

会计案例的篇幅长短不一，有的案例短小精炼，而有的案例由于包含的信息量比较大而篇幅较长，长的可以达到几十页，如中国人民大学王化成教授所编的《财务案例》一书中，最长的案例有 27 页近两万字，学生阅读往往就需要一两个小时，以文字形式向学生展示案例，形成疑难无疑是最好的呈现方式。

2. 虚拟电子案例呈现策略

我们所处的时代可以说是一个视觉时代，人们对干巴巴的口头说教越来越显得没有耐心，总是喜欢用感官快捷地认识世界，年轻人对视觉更是倍加青睐和敏感。在案例教学的情境创设过程中，教师要充分认识到这一点，把多媒体技术和数字化技术等现代化教学手段应用到案例情境创设过程中去，充分利用影像、声音和文字等载体对案例情境进行优化创设，让学生处于一个视觉和听觉的兼备的氛围中。如在财务项目选择案例教学中，教师可以多媒体的形式展现项目选择的背景以及项目实施后的前景，把死案例变成了生活情境，促使学生在虚拟的案例情境中形成对财务问题的质疑。

3. 角色扮演呈现案例策略

案例的呈现也可以让学生扮演案例中所蕴涵的角色展现。如银行支付方式的选择案例教学中，可以让学生扮演相应的角色展现案例情境，如下场景：光明公司财务部人员：张主管、李会计、王出纳张主管：我们公司准备两天后销售给天然公司 1500 公斤货物，总计货款为 20000 元钱，你们觉得我们应该采用什么样的收款方式才好？

李会计：我们是首次和天然公司打交道，对于他们的资信情况不是很清楚，因此，我们应该采用比较稳妥的收款方式，因此，我觉得可以采用"银行汇票"或"银行本票"？

王出纳：我认为除了考虑稳妥性以外，还得着眼于长远，如果对方现实付款有困难也不要强求，应该从长远来看，可以考虑采用银行承兑汇票。张主管：好的，就先这两个方案吧，到时候根据情况决定吧。疑问：为什么要采用这两个方案？

（三）阅读案例，自主解决问题策略

以案例教学为媒介来培养学生的财务问题分析和解决能力是一种过程性的实践教学活动，学生只有全身心地走进案例情境参与案例的整个分析和讨论过程才有可能提高分析和解决财务问题能力。案例分析的首要环节是通读案例，进入案例所提供的情境，以企业管理者身份了解案例所揭示的基本情况以及相关背景，通过查找资料，将自己的知识和经验与案例情境结合起来，分析案例中错综复杂的事件，分析发生问题的根本原因，权衡互相制约的各种因素，尽可能多地提出各种可能的问题解决方案，详尽分析每一方案可能给企业带来的发展和不足，实施该方案的必要条件以及目前存在的困难，综合分析以后并选出最佳方案。

（四）合作分析，形成思维共振策略

讨论是案例分析的中心环节，是学生形成财务问题分析和解决能力的关键步骤。案例教学过程不是寻找正确答案的过程，事实上，案例分析的结果不存在对与错，存在的只是可能正确处理和解决问题的具体办法，而解决问题办法的正确与否只是个人对案例问题理解的不同而已，为案例讨论的畅所欲言奠定了基础。

1. 小组讨论

在案例自主分析阶段，学生通过自主分析后能基本上形成自己的观点，但个人的力量毕竟有限，对案例的分析很有可能不全面，带有个人主观色彩，而且在分析过程中碰到阻碍是在所难免的。以小组为单位组建案例分析共同体，发挥优势互补，共同讨论，集思广益，形成思维共振，讨论共同体在各成员自主分析的基础上就内容案例的主要问题、原因和决策等形成共识，并要准备好发言提纲，为课堂中的小组讨论做好铺垫。

2. 全班讨论

全班就案例的讨论是小组讨论的延续。在讨论中，各小组派代表将自己所在组的观点向全班陈述后就相关问题接受教师和其他组织学生的提问，就自己所找到的问题进行自由提问。与此同时，教学活动是一种互动的双向教学活动，教师和学生在案例教学过程中犹如导演和演员之间的关系，学生在案例教学所涉及的问题都应该由自己进行分析和讨论，如果观点不一致，可以展开辩论，而教师这位"导演"则起着组织和引导作用，教师可以不断提出问题，引起学生的思考，甚至可以故意给学生出难题，迫使学生动脑子去思考，教师提供的案例可以是完整的，也可以是有缺陷的，可以是正面的，也可以是反面的，甚至教师有些时候可以把案例中的某些已知的条件去掉，让学生通过实践，学生在这种是与非，正与反，点与面，表与里结合中真正学会如何思考，如何解决实际问题，变死学为活学。

（五）总结反思，消化提升理论策略

古语有云：学而不思则罔。同样，实践而不思也会罔。反思这一过程在案例这一实践教学过程中的作用非常明显，它能帮助学生在分析过程中"豁然开朗"，少走弯路；在案例分析结束后总结反思，能提高高等院校学生财务问题分析和解决能力。

元认知是对认知的认知，案例分析是一个实践认知的过程，就是对于什么因素影响人的案例分析的过程与结果、这些因素是如何起作用的、它们之间又是怎样相互作用的等问题的认识。案例分析的目的是为了掌握案例分析和问题解决的方法，学生除了要思考怎样的方案才能解决财务问题之外，还必须分析自己的方法是否恰当、合适，是否还有更好的方法。

为充分发挥案例分析的作用，切实提高学生面对财务实际问题的处理能力，案例分析完成以后，教师这位"导演"必须做好案例分析的总结和评价工作，但是必须注意不要做出结论，因为案例往往是开放式的，结论并不是唯一的，可以做出不同的结论，而且得出案例结论并不是案例教学的最终目的，而是让学生通过案例分析学会分析方法，获得处理和解决问题的能力。同时，学生也要在案例分析结束之后，做好总结和分析工作，经过小组讨论和集体讨论后自己对案例问题的理解怎样，经过案例分析以后自己学到了什么，在哪些方面还不足，要一一反思。

（六）项目开发，升华能力培养策略

有效实施财务问题分析和解决策略，能促进学生在实践过程中不断提高财务问题分析和解决能力。为了进一步提高未来会计教师的实践能力，笔者认为项目开发这一实践教学形式在会计教师实践教学能力形成过程中大有裨益。

1. 以竞赛项目为媒介，参与商业计划项目的开发策略

"挑战杯"创业计划竞赛指一无所有的创业者就某一具有市场前景的产品、服务或技术向风险投资家游说取得风险投资的投资可行性报告书的竞赛活动，是当前高校学科竞赛中比较红火的一个竞赛项目，财务问题分析和解决是"挑战杯"创业计划竞赛的重要组成部分。高等院校会计学科可以以此为媒介，为学生提供若干个"创业项目"，让其通过项目分析，解决如何筹资、投资、资金营运和利润分配等财务问题的活动来提高其实践能力。

2. 案例的采编策略

案例分析和解决的最高境界在于自己能根据相关知识背景采集和整合案例。作为未来的会计教师不仅要学会分析案例，采编案例也是一项基本功，因此，在案例学习过程中要有意识地安排学生进入一线企业参与实习，采集相关的案例，来切实提高学生的实践能力。中级会计人员区别于初级会计人员的标志是：是否具有财务问题的分析和解决能力。高等学校会计教师的实践能力以达到中级会计人员的水平为要求，具备财务问题分析和解决能力是高等学校会计教师必须达到的要求。以案例教学为核心的高等院校会计学科实践教学策略的目的是培养未来会计教师的财务问题分析和解决能力，让学生通过融入案例所呈现的错综复杂的财务问题情境，体验和实践财务人员分

析和解决问题的过程，在实践中逐步学会解决问题的能力。

第五节 高等院校会计学科实践教学策略实施的保障

一、拓宽渠道大力改善实践教学设施建设

高等教育与普通高等教育相比，需要国家和地方政府更多的资金和技术支持。然而一直以来，我国的职教经费都是比较困难的，地方财政拨款比例不高，企业的资金投入比例就更低了，根本无法达到"职业教育主要依靠企业办"的目标要求。因此，进一步拓宽多元化的投资渠道，是高职一些未来需着力解决的问题。高等院校可以根据自身情况，积极探索和利用社会力量来改善实际的教学条件和设施一方面采取多种手段争取银行贷款，调动社会各界力量投资捐赠支持办学，充分挖掘学校内部投资的潜力另一方面对校内原有的各实验室的设备进行调整，及时改造和维护旧的实践教学设备设施，使学生在校内就能尽早接触到真实的工作环境，以顺利适应未来的职业工作。再者，也可通过与企业协商签订互利共赢的合作计划，利用企业资金来不断更新教学设施和仪器设备，形成教学与科研相结合的多功能会计模拟实验室和会计实训基地。

二、加强实践教学"双师型"师资队伍建设

教师是高等院校的主体力量，是办好高等院校的先决条件。要保证课程实践教学的质量，首先对师资有较高的要求，从事实践教学的教师不仅要懂专业理论，而且要有专业实践和社会实践经验；不仅要懂专业知识，而且要熟悉计算机操作。

因此，地方院校要把实践师资队伍建设放到一个重要的位置上，通过外部引进和内部培养，逐步形成一支专业结构合理，年龄、学历、职称配比适当，既懂理论又懂实务，教学水平高、实践能力强的"双师型"教师队伍。"双师型"教师队伍可以从内部、外部两方面入手：一方面，积极从企事业单位引进人才，加大兼职教师的比例，从企事业单位招聘一些既有专业技术特长又有余力的工程技术人员或高级主管担任一些专业课程的教学工作；另一方面，为本校教师成为"双师型"人才创造条件，制定激励措施，调动教师参与实践教学的积极性，建立培训渠道对专业教师进行职业培训。

三、完善多类型的实践教学基地建设

高等院校应强化校内实习基地的建设，在原有的手工实训室和电算化实训室的基础上，加大硬件投入力度，购置沙盘、开通网络模拟公司为实践教学提供可靠的物质基础，真正营造出能够实施实践教学的环境。第一，加强校内实验室和实习、实训基地的建设。根据高等教育培养目标的需要和教学特点，更新实验室教学仪器设备，提高仪器设备的科技含量，逐步建立起有利于培养学生的基础实践能力与操作技能，专业技术应用能力与专业技能、综合实践能力相结合的校内实验室和实习、实训基地。第二，建立和健全长期稳定的校外实训基地。校外实训基地可以为学生提供真实的工作环境，提供先进的设备和技术，学校可以通过与企业协商合作，将一些股份制企业、外资企业、会计师事无所作为校外实习基地，有计划地组织学生到基地实习。通过"在校学习—单位实习—在校学习—单位实习"的流程实现工作与学习的两次循环。同时，可以将企业的财务主管、高级会计师、注册会计师请进课堂，加强学校与企业的沟通与交流。

参考文献

[1] 陈卫东，刘欣红，王海燕．混合学习的本质探析 [J]．现代远距离教育，2010，(5)：30—33

[2] 郭宁．混合式学习环境下协作学习活动设计 [D]．河北：河北大学，2010

[3] 龚玉姣．混合学习模式在大学物理实验中的应用研究 [D]．湖南：湖南大学，2011．

[4] 韩立龙．移动网络学习 [M]．合肥：中国科学技术大学出版社，2011.10．

[5] 牟智佳，张文兰．对混合式学习文献研究的元分析——以我国教育技术核心期刊为样本 [J]．中国医学教育技术，2011（5）：465—469

[6] 吴金秀，英语混合学习学生满意度影响因素研究 [D]．辽宁：大连理工大学，2011．

[7] 李苗苗．《现代教育技术》实验课混合学习模式的行动研究 [D]．河南：河南师范大学 2012．

[8] 李珍，基于元认知理论的混合学习活动设计与应用探析 [D]．云南：云南师范大学，2013．

[9] 王欢．面向混合学习的 Eaas 平台设计与实现 [D]．陕西：西北大学，2013．

[10] 刘子潇．美国高校混合学习模式研究 [D]．北京：首都师范大学，2014

[11] 张秀梅．基于微信的混合式学习研究 [D]．河北：河北大学，2014．

[12] 赵建华．混合学习应用的理论与方法 [M]．北京：中央广播电视大学出版社，2015．

[13] 刘权纬．混合学习模式下移动学习平台的设计与实现 [D]．广西：广西师范大学，2015．

[14] 成茜．互联网背景下会计电算化课程教学改革的探索 [J]．考试周刊，2018（39）：3—5

[15] 刘德阳．让"互联网+"背景下的数学课堂枯木逢春——"雨课堂"支持下的中职数学活力课探 [J]．考试周刊，2018（38）：91．

[16] 范丽．基于 MOOC 的混合式教学实践探析——以中职会计专业为例 [J]．江苏教育，2018（4）：58—60．

[17] 高金东.互联网+环境下初中信息技术课的多元教学模式探讨[J].考试周刊，2018（51）：145.

[18] 黄伍风.借助"互联网+"信息平台创新地理课堂教学模式.[J].考试周刊，2018（41）：147.

[19] 王心雨.混合式学习模式在中职教学中的应用研究——以《经济法律法规》课程为例[D].河北：河北技师范院，2018.

[20] 曾红卫.SPOC课程模式在中职专业课教学中可行性的探索与思考——以《ERP会计信息化》课程教学为例[J].广东教育，2018（8）：42—44.

[21] 朱敏.移动混合式学习在中职会计教学中的应用——以蓝墨云班课的应用为例[J].西部素质教育，2019（1）：115—116.

[22] 宋建军.中等职业教育"双师"结构协同教学及其推进策略研究[D].湖南：湖南科技大学，2018.

[23] 贺红芳.坚持政府主导，明确政府职责——解读《国务院关于当前发展学前教育的若干意见》[J].亚太教育，2015（21）：266—267.

[24] 新华社，中共中央国务院关于学前教育深化改革规范发展的若干意见[J].基础教育参考，2019，289（1）：83.

[25] 国家中长期教育改革和发展规划纲要（2010—2020年）[J].评价与管理，2010（3）：1—17.

[26] 宋建军中等职业教育"双师"结构协同教学及其推进策略研究[D].湖南：湖南科技大学，2018.

[27] 国家中长期教育改革和发展规划纲要（2010—2020年）[J].中国民族教育，2010（Z1）：1—17

[28] 欧启忠，地方高师院校本科教学资源信息化平台建设研究[J].科技管理研究，2011，31（5）：190—192.

[29] 中国网，教育部关于大力推进教师教育课程改革的意见[J].基础教育改革动态，2011（24）：22—23.

[30] 赵军.我国高职实训教学设计研究——基于体验学习理论视角[D].华东师范大学，2010.